KB191166

뻔하지 않은 생각

뻔하지 않은 생각

아이디어 번아웃에 필요한
24가지 생각 습관

로히트 바르가바·벤 듀폰 지음
김동규 옮김

교보문고

일러두기

- 영화, 잡지, 방송은 〈〉, 도서는 《》 표기, 국내 미출간 도서는 원서 제목을 병기했습니다.
- 원서 본문의 기울임체는 고딕체로 표기했습니다.

이 책을 향한 찬사

생각을 혁신하는 뻔하지 않은 방식!

● 토니 로빈스, 〈뉴욕 타임스〉 선정 베스트셀러 작가

굳어진 생각을 의심하고 새로운 가능성을 보게 해주는 유쾌하고 재밌는 안내서

● 애덤 그랜트, 〈뉴욕 타임스〉 베스트셀러 《싱크 어게인》 《히든 포텐셜》 저자

자신의 생각이나 신념만 옳다고 믿는 현대인의 눈을 뜨게 해준다. 뇌를 활짝 열어 더 넓은 시각으로 생각할 수 있도록 영감을 주는 책이다.

● 다니엘 핑크, 〈뉴욕 타임스〉 베스트셀러 《다니엘 핑크 후회의 재발견》 《새로운 미래가 온다》 저자

세상에 커다란 도약이나 혁신이 일어날 때는 항상 뻔하지 않은 생각이 그 뒤에 있다. 그 주인공이 되고 싶은 사람이 반드시 읽어야 할 책이다.

● 살만 칸, 칸 아카데미 설립자 겸 CEO, 《나는 AI와 공부한다》 저자

뻔한 생각에 빠져 있지 말라! 더 색다른 것을 보고, 생각하고, 창조하고자 하는 사람이라면 이 책에서 힘을 얻고 길을 찾을 수 있다. 거기다 재미는 덤이다!

● 돌리 추그, 뉴욕대학교 교수, 베스트셀러 작가

이 책의 장점에 대해 말하기 전에 "처음부터 끝까지 너무 재미있게 읽었다"라는 평부터 하고 싶다. 매 장마다 처음 접하는 새로운 내용들이 있었다. 무엇보다 읽으면서 참 즐거웠다. 대단한 책이다. 여러분도 이 책을 가지고 놀다가 100번쯤 내려놓고 무엇이든 따라해보자. 기가 막힌다!

● 톰 피터스, 세계적 베스트셀러 《초우량 기업의 조건》 공동 저자

아무리 뻔한 것도 누군가가 찾아내기 전까지는 잘 보이지 않는다. 우리가 복잡한 문제를 풀지 못해서 쩔쩔매고 기회를 놓치는 이유도 발견하지 못했기 때문이다. 다행히도 로히트와 벤이 우리의 고질병을 고치게 도와주었다. 이제 뻔한 것을 볼 수 있다.

● 마커스 콜린스, 《문화의 중력》 저자

벤 듀폰이 주최하는 '뻔하지 않은 만찬' 행사에 몇 번 참석한 적이 있다. 호기심 가득한 사람들이 함께 모여 세상의 온갖 일들을 뻔하지 않은 생각으로 풀어내는 모습이 참 재미있었다. 뻔하지 않은 생각으로 과연 어떤 일을 해낼 수 있는지 살펴보라.

● 존 스컬리, 애플, 펩시코 전 CEO

성공의 열쇠는 사람들이 말로는 하지 않는 내용을 눈치챌 줄 아느냐에 있다. 사람들과 더 능수능란하게 소통하는 능력을 기르고 싶다면 이 책으로 직관력 속성 코스를 밟아보길 바란다.

● 에리카 다완, 《연결 지능》 저자

로히트와 벤이 사물의 명백한 원리를 속속들이 파헤치고 새로움을 만들어내려 하는 사람들에게 꼭 필요한 이야기를 풀어냈다. 우리의 진부한 생각을 아주 제대로 뒤흔들어 놓는다.

● 크리스 게이센스, 와와 주식회사 회장 겸 CEO

생각을 환하게 밝혀준다!

● 스콧 오스만, 재클린 레인, 100 코치 에이전시 공동 창립자

현명하다!

● 에이드리언 테넌트, '뻔하지 않은 한마디 서평 대회' 우승자

창의적이고 상상력을 자극하며, 무엇보다 재미있다. 이 책이 쉽게 읽히고 재미있다는 것은 너무나 당연한 사실이다.

● 찰스 엘슨, 델라웨어대학교 기업지배구조 연구회 의장

눈이 번쩍 뜨이는 놀라운 책. 세상을 멀리 보게 해준다. 탄탄한 스토리와 빠른 전개 덕분에 뻔하지 않은 생각을 실컷 할 수 있다.

● 도리 클라크, 베스트셀러 《롱 게임》 저자

재미를 뛰어넘는 자기계발서다. 눈이 번쩍 뜨이고, 가슴이 뻥 뚫린다. 창의적인 해결책을 찾아가는 짧고, 놀라우며, 재치 넘치는 지도다. 새로운 생각을 하고 싶은 이들이라면 누구나 알아야 하는 것들로 가득 차 있다.

● 커커스 리뷰

직장인이 정리 해고의 두려움에서 벗어나고, 사장님들이 불확실한 세상에서 사업을 키우는 데 도움이 될 책을 딱 한 권만 고르라면 바로 이 책이다. 로히트는 특유의 명쾌하고 재치 넘치며 유용한 문체로 21세기에 꼭 필요한 기술을 가르쳐준다.

● 파멜라 슬림, 《바디 오브 워크》 《와일디스트 넷》 저자

세상은 뻔한 것들로 가득 차 있다.
다만 아무도 눈치채지 못할 뿐이다.

–

셜록 홈스Sherlock Holmes,

아서 코넌 도일Arthur Conan Doyle 《바스커빌 가의 개》 중에서

시프트/sift/동사

-

어떤 대상을 샅샅이 분석해서

가장 중요하고 가치 있는 것을 골라내다

초집중 모드

마법의 비틀기

서론

어느 일요일 오후, 멕시코시티에서 가장 큰 경기장에 8만 명의 관중이 모여 있었다. 그리고 관중들은 우연히 역사적 순간을 목격하게 된다. 1968년 하계 올림픽의 폐막일이었던 그날, 관중들은 높이뛰기 결승전을 흥미진진하게 기다리고 있었다. 결승전에는 세 명의 선수가 출전했지만, 우승자는 두 명 중에서 나올 거라는 예상이 대다수였다.

가장 유력한 우승 후보는 러시아의 전설적인 올림픽 챔피언 발레리 브루멜Valeriy Brumel이었다. 그 뒤를 바짝 쫓는 미국의 에드 카루더스Ed Caruthers 역시 NFL미국 미식축구리그에 선발되었던 세계적인 선수였다. 나머지 한 명인 딕 포스버리Dick Fosbury는 셋 중에서 가장 뒤처지는 후보였다. 그는 자신의 인생에서 가장 중요한 경기일지도 모르는 자리에 무려 짝짝이 신발을 신고 나타났다. 특별히 눈에 띄지 않는 깡마른 공대생이었던 그는 경기가 시작되자 관중의 주목을 받기 시작했다. 그의 점프 기술이 다른 선수들과는 완전히 달랐기 때문이다.

당시 높이뛰기의 전통적인 기술은 이른바 '가위뛰기'라고 해서 먼저 한쪽 다리를 굴러 바를 뛰어넘은 다음 다른 다리로 착지하는 방식이었다. 하지만 포스버리가 사용한 방식은 달랐다. 그는 우선 바가 있는 곳까지 달려간 후 몸을 뒤로 젖히며 솟구쳐 올라가 하늘을 정면으로 바라보면서 등으로 바를 뛰어넘었다. 사람들은 이 방식을 '포스버리 플롭Fosbury Flop[1]', 즉 배면뛰기라고 불렀다.

결승전에서 포스버리는 2.24미터라는 높이뛰기 올림픽 신기록을 세우며 금메달을 차지했다. 그리고 그날 이후 지금까지 50여 년이 넘는 시간 동안 거의 모든 높이뛰기 선수들이 '배면뛰

기' 기술을 사용해서 메달을 목에 걸었다. 포스버리는 기존의 전통적인 방식의 틀을 깨고, 새로운 기술을 만들어 개인적인 승리를 거뒀고, 그 기술을 다른 사람들도 이어받아 사용하게 만든 것이다.

영화 〈레디 플레이어 원Ready Player One〉은 황폐해진 미래의 지구에서 살아가는 사람들이 가혹한 현실을 벗어나기 위해 '가상 세계'에 빠져드는 내용이다. 영화 속에서 1조 달러를 보유한 재력가이자 괴짜 천재인 제임스 할리데이James Halliday는 엄청난 발표를 한다. 게임 대회에서 '보물'을 찾아낸 사람에게 전 재산을 물려주겠다는 유언이다. 주인공인 웨이드 와츠Wade Watts는 대회에 참가한 다른 수많은 선수와 함께 보물찾기에 나선다.

첫 번째 도전은 도저히 우승하기 어려워 보이는 격렬한 자동차 경주였다. 우승은커녕 이제까지 완주한 사람이 한 명도 없을 정도였다. 하지만 우리의 주인공은 한 가지 색다른 방법을 떠올린다. 웨이드는 경주가 시작되자마자 자동차를 출발 방향과

반대로 세우고 역주행하기 시작한다. 아무도 예상하지 못한 선택으로 새로운 길을 연 그는 다른 사람들이 맞닥뜨리는 장애물을 모두 피해 결국 우승을 거머쥔다. 웨이드가 첫 번째 과제를 해결할 수 있었던 것은 관점을 바꾸어 아무도 생각하지 못했던 길을 찾아낸 덕분이었다.

매사추세츠 공과대학MIT 컴퓨터공학과의 대학원생이었던 조이 부올람위니Joy Buolamwini는 사람의 얼굴을 인식하는 소셜 로봇을 연구하던 중 중요한 문제를 발견했다. 로봇에 사용하는 거의 대부분의 인식 소프트웨어가 자신의 어두운 피부를 감지하지 못한다는 점이었다. 그래서 자신의 얼굴을 컴퓨터에 인식시키기 위해 흰색 가면을 써야만 했다. 문제의 원인을 연구해보니 단순한 오류가 아닌, 시스템이 가진 '알고리즘의 편향성' 때문이라는 걸 알게 되었다. 그녀는 이 문제를 '코드화된 시선coded gaze' 이라고 부르며, 얼굴 인식 기술이 특정 인종과 성별을 차별한다는 점을 지적했다.

부올람위니는 포용력을 갖춘 기술을 만들기 위해 하나의 운동을 시작하기로 마음먹었다. 그녀는 '알고리즘 저스티스 리그'라는 조직을 만들어 전문적인 기술자들과 함께 일반 시민들이 함께 모여 알고리즘의 편향

성을 공유하고, 대중에게 널리 알렸다.

부올람위니의 활동은 알고리즘 기술 분야에 큰 영향을 끼치게 되었고, 세계에서 가장 창의적인 인물로 선정되기까지 했다. 그녀의 연구와 적극적인 활동 덕분에 세계 곳곳에서 새로운 법안이 수립되었고, 여러 기업의 사내 윤리 위원회의 안건에도 많은 영감을 주었다. 이어 그녀의 활동은 〈알고리즘의 편견〉이라는 넷플릭스 다큐멘터리 시리즈에도 소개되며 세상에 더 널리 알려지게 되었다.

올림픽 금메달을 획득한 높이뛰기 선수, 영화 속 가상 세계의 게이머, 그리고 알고리즘의 문제점을 발견한 과학자. 언뜻 보기에 이들은 서로 연관이 없어 보이지만 공통점은 분명히 있다. 그들은 남들과 완전히 다른 관점으로 생각하고, 누구도 발견하지 못한 '뻔하지 않은 해결책'을 찾아냈다는 점이다.

다른 사람의 눈에 보이지 않는 것을 발견하기

탐정 소설의 줄거리는 보통 뛰어난 인물이 남다른 시선으로 작은 단서를 포착하고, 이를 종합해서 하나의 가설을 세운 뒤 이를 통해 사건을 해결하는 내용으로 전개된다. 추리 소설을 읽는 독자들은 소설 속 조연들이 그렇듯이 큰 사건에 시선이 뺏긴 나머지 중요해 보이지 않는 단서들을 놓치기 마련이다. 하지만 결국 사건을 해결하는 결정적인 단서는 사소한 일들에서 나온다.

높이뛰기 선수 포스버리는 자신만의 착지 기술을 만들면서 한 가지 사실을 깨달았다. 발포 착지 매트를 사용하면 선수들이 이전과는 달리 안전하게 착지할 수 있다는 점이다. 그는 이런 깨달음 덕분에 '배면뛰기 기술'을 개발해 결국 금메달을 차지했다.

앞서 언급한 영화 〈레디 플레이어 원〉의 주인공 웨이드 와츠 역시 가상 세계의 자동차 경주에서 이기기 위해 자신만의 해답을 찾아냈다. 재력가 제임스 할리데이의 생애에 관해 조사하고 공부해 단서를 얻은 것이다. 그는 할리데이의 가상 일기에서 읽었던 사소한 내용을 기억하고 있었다. 이 기억 덕분에 할리데이를 이해하고, 우승으로 향하는 길을 열어주는 열쇠를 얻을 수 있었다.

조이 부올람위니는 실험실에서 로봇을 연구하던 중 얼굴 인식 소프트웨어가 자신의 피부색을 제대로 인식하지 못하는 일을 겪었다. 이후 알고리즘의 편향성에 관해 연구하기 시작하면서 그것이 현실에 어떤 영향을 줄지를 깨닫고, 이를 해결하기 위해 무언가 행동해야 한다는 절박감을 느꼈다.

이러한 사례들은 특출난 천재나 우리와는 전혀 다른 차원의 능력자들에게만 해당하는 이야기가 아니다. 다른 사람들이 미처 보지 못한 세부적인 부분을 예리하게 감지하고, 주의를 기울이며 노력한 사람들의 현실적이고도 창의적인 이야기다. 이런 통찰력은 관찰에서부터 시작되지만, 단순히 주변을 눈여겨보는 것만으로는 부족하다. 그 이상의 무언가가 필요하다.

이 책은 여러분이 머릿속의 사각지대를 극복하고 더 독창적인 생각을 할 수 있게 도와준다.

우리는 이것을 '뻔하지 않은 생각'이라고 부른다. 그 방법을 모색하는 것이 바로 우리 두 사람의 직업이 되었다.

뻔하지 않은 것을 찾다

로히트는 세계 최대 광고 대행사에서 일하면서 그만의 '뻔하지 않은 아이디어'를 찾기 시작했다. 그는 행동 과학을 이용해 강력한 마케팅 기법을 개발하는 특별 태스크포스팀에서 일하면서, 인간 행동과 영향력에 관한 심층 연구를 수행하고 있었다. 이듬해 연구 결과로 〈뻔하지 않은 트렌드 보고서Non-Obvious Trend Report〉를 발표했다. 이 보고서는 입소문을 타며 20만 명 이상의 전문가에게 읽혔고, 이를 바탕으로 로히트는 향후 10년의 트렌드를 예측하는 《뻔하지 않은 트렌드》 시리즈를 해마다 발간해서 총 100만 명 이상의 독자를 확보하게 되었다.

로히트가 자신의 연구와 책을 통해 뻔하지 않은 사고방식을 모색하는 동안, 벤 역시 뻔하지 않은 생각을 실천하는 공동체를 만들어가고 있었다. 지난 20년 동안 그가 매년 개최하는 '뻔하지 않은 만찬' 행사에는 미국의 상원의원, CEO, 노벨상 수상자를 비롯해 수많은 기업가와 음악가, 고등학생들이 모여 더 나은 미래를 상상하고 논의했다.

> 최고의 아이디어는 의외로 전문가가 아닌 문외한의 관점에서 얻을 때가 많다.

이 저녁 만찬에 참석한 사람이라면 세상을 바꿀 만한 '뻔하지 않은' 생각을 공유해야만 한다. 각자 앉은 테이블에서 인상적인 아이디어를 선정하고 그 가운데 가장 중요한 아이디어를 그날 밤 결정한다. 이렇게 지난 10년간 선정된 아이디어 중에는 대학 교육을 3학년제로 전환하자는 방안과 '디지털 추적 데이터'를 활용한 암 치료법, 그리고 중소 도시의 소규모 사업체가 겪는 승계 위기에 대한 해결책 등이 있었다. 즉 자녀가 대도시로 떠나거나 다른 직업을 선택할 때 가족 사업을 누가 이어받을지에 대한 문제까지 다룬 것이다.

우리는 비공식적인 모임이나 첨단 신기술 연구자들과의 인터뷰를 통해 뛰어난 아이디어를 가진 사람들을 가까이에서 관찰해왔다. 그리고 오랫동안 세계에서 가장 똑똑하고 창의적인 사람들의 뻔하지 않은 생각을 체계적으로 정리하는 일에 집중했다. 그들은 과연 어떤 사고방식과 습관을 가졌기에 이런 성과를 거둘 수 있었을까? 다른 사람이 모르는 어떤 비밀이 있었을까? 우리도 훈련과 연습을 거치면 그들의 사고방식과 지식을 배울 수 있을까?

우리는 바로 이러한 질문들에 대한 답을 찾고자 이 책을 쓰게 되었다. 특별한 사람들만이 아닌, 누구나 뻔하지 않은 생각을 배워서 익힐 수 있다는 믿음이 있었기 때문이다.

SIFT 체계

밀가루를 체로 치는 일은 가볍고 부드러운 케이크를 만드는 첫 번째 비결이다. 제빵사라면 누구나 다 아는 사실이다. 밀가루를 체로 치면 뭉친 덩어리가 흩어지고 불순물이 걸러지며 공기를 충분히 머금어서 반죽이 한층 부드러워진다. 이 원리는 비범한 사고방식을 익히는 과정에도 그대로 적용된다. '체로 친다'는 뜻의 영어 단어 시프트sift는 밀가루를 고르게 만든다는 것 말고도 중요한 무언가를 '가려낸다'는 의미도 있다.

이 책에서 설명하는 중요한 네 가지 키워드를 담은 SIFT 체계는 이 두 번째 의미를 바탕으로 만들어졌다. 우리의 목표는 여러분을 뻔하지 않은 생각의 소유자로 만드는 것이다.

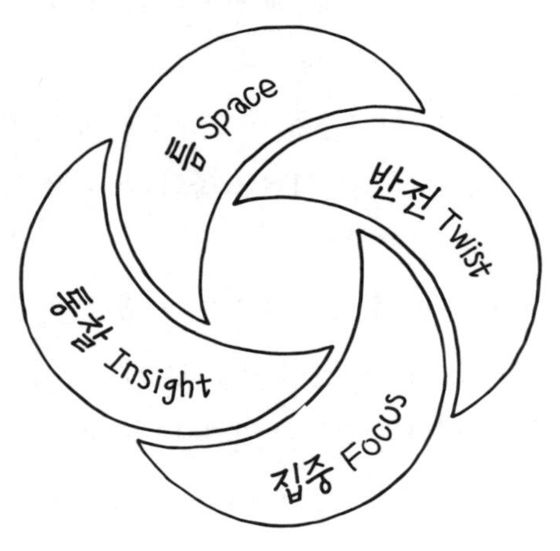

다른 사람이 발견하지 못한 것을 보려면, 헛소리도 받아들일 수 있는 유연한 사고방식을 길러야 한다.

그러기 위해서는 여러분이 '마음의 틈'부터 마련해야 한다. 여유를 가지는 일은 뻔하지 않은 생각에 필요한 워밍업과 같다. 1부에서는 새로운 호흡법을 통해 우리 마음속의 편견을 찾아내는 방법을 살펴본다. 이미 학계에서 효과가 입증된 방법으로, 나도 모르는 사이 가지고 있던 고정관념을 발견하게 될 것이다.

틈을 확보하는 법을 배운 다음, 2부에서는 통찰을 얻는 방법을 알아본다. 통찰이란 단지 겉으로 보이는 부분만 보는 게 아니라, 그것을 있게 한 근본 원리를 이해하는 것이다. 통찰력을 얻기 위해서는 현명한 질문을 던질 줄 알아야 한다. 통찰을 발견하는 능력을 기른 다음에는 가장 중요한 부분을 살펴보게 된다. 3부에서는 집중력을 높일 수 있는 기술들을 소개한다. 현대인의 주의를 빼앗는 온갖 방해 요소를 차단하고, 고정관념을 벗어나 열린 관점으로 세상을 바라보는 법을 익힐 것이다. 예를 들면 다양한 패턴을 발견하는 기술, 너무 많은 선택지 때문에 오히려 결정이 어려워지는 상황을 피하는 방법, 제한을 적절히 이용해 사고 능력을 높이는 법 등이 있다.

SIFT 체계의 마지막 단계는 반전이자 비틀기다. 자신의 한계를 극복하고 생각의 수준을 한 층 더 확장하는 순간이다. 이 과정을 높이뛰기에 비유해보자면, 신기록을 세우기 위해 바를 조금 더 높이는 것과 같다. 이러한 노력은 나 자신의 성장이나 이익만을 위한 것이 아니다. 마음을 열어 새로운 관점을 받아들이고, 뻔하지 않은 생각을 실천하게 된다면 다른 누구도 깨닫지 못한 귀중한 지혜를 나눌 수 있을 것이다.

뻔하지 않은 생각이 필요한 시대

소셜 미디어의 알고리즘이 극단적인 양극화를 부추기고 있는 시대다. 그만큼 열린 생각을 가진 뻔하지 않은 생각의 소유자가 더욱 절실히 필요하다. 새롭게 등장한 문제들 앞에서 케케묵은 답안지는 아무 소용이 없다. 지금 우리에게는 다른 사람이 보지 못하는 것을 보고, 의문을 제기하고, 뻔하고 진부한 현상들에 과감히 맞설 수 있는 사람이 필요하다. 뻔하지 않은 생각을 가진 사람들은 색다른 관점을 그저 틀린 것으로 취급하지 않는다. 그들은 다른 사람의 시각을 이해하고, 새로운 가능성을 즐길 줄 아는 사람들이다.

이 시대는 뻔하지 않은 생각을 하는 사람이 더 많이 필요하다

뻔하지 않은 생각을 하는 사람은 대담하고 독창적인 아이디어를 제시해서 우리를 이끌 뿐 아니라 용기와 결단력을 발휘해 그 아이디어를 몸소 실천한다. 그들은 변화를 통해 세상을 더 좋은 곳으로 만든다. 그리고 지구상 모든 나라는 그런 사람이 더 많이 나타나기를 바란다.

여러분도 그런 사람이 될 수 있다. 이 책은 그 방법을 보여준다.

마음의 틈

개요

2019년 말, 코로나19 팬데믹이 일어나기 불과 몇 달 전 CNN은 '지난 10년간 가장 영향력 있었던 책[2]' 목록을 발표했다. 선정된 책 대부분은 소설이나 회고록이었고, 인생을 바꾸는 법을 다룬 책은 단 한 권뿐이었다. 이 책은 양말 개는 법부터 시작해서 일상생활에 작은 변화를 주는 법을 소개하고 있었다.

일본의 정리수납 전문가 곤도 마리에가 쓴 《정리의 힘》은

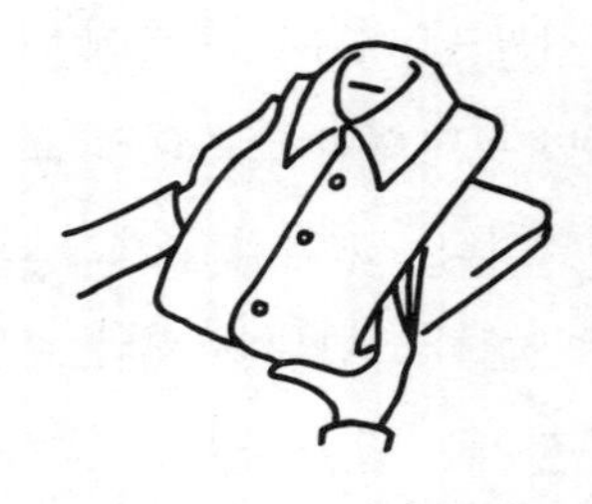

전 세계에서 수백만 부가 팔린 베스트셀러다. 이 책을 소재로 한 넷플릭스 시리즈가 만들어졌을 정도로 인기를 끌었다. 이 책은 "우리가 소유하고 있는 물건이 과연 우리에게 즐거움을 주는가"라는 질문을 던진다. 이를 기준으로 그렇지 않은 물건은 과감히 버리라고 말한다. 그렇게 하면 우리 삶을 방해하는 잡동사니를 모두 없앨 수 있다는 것이다. 다시 말해 자신에게 진정으로 가치 있는 것만 남기고 나머지는 모두 버리라는 말이다.

그런데 우리 삶에는 옷장 말고도 정리해야 할 부분이 너무나 많다. 현대인은 최첨단 기술 덕분에 편리한 삶을 누리고 있지만, 여전히 주변과 단절된 느낌 속에서 살아가고 있다. 언제 어디서나 즐길 거리가 넘쳐나고, 모든 뉴스가 '속보'라는 타이틀을 달고 우리 눈을 어지럽히고 있다. 우리가 원하든 원하지 않든 말이다. 이렇게 쏟아지는 정보 속에서 우리는 점점 자기만의 시간이 줄어드는 것을 느끼고 있다.

자기계발 분야에서 '시간 관리법'이 주요한 개념으로 자리

{ 더 많은 시간을 짜내고 혼란을 줄인다고 해서 심오한 성찰이나 성취감을 얻을 수 있는 것은 아니다. }

잡게 된 이유는 시간에 대한 강한 집착 때문이기도 하다. 자기계발 분야의 베스트셀러 도서에서 영감을 받은 각종 세미나와 리얼리티 쇼, 인기 팟캐스트들은 이런 내용을 전한다. 하던 일을 과감히 그만둬 보거나, 주당 근로일수를 줄이거나, 심지어는 양말 개는 법을 바꾸는 등 주변을 단순화해서 삶의 질을 높여보라는 식이다. 이 말들에는 시간이 많을수록 생산성이 높아지고, 인생이 행복해지고, 혁신적인 생각이 떠오를 가능성이 커진다는 뜻이 담겨 있다. 그러나 행복이나 혁신을 불러오는 방법을 그렇게 단순한 공식으로 설명할 수는 없다.

마음의 틈을 만든다는 건, 그저 여유를 가지고 깊이 생각할 시간을 더 많이 얻어야 한다는 뜻이 아니다. 때로는 새로운 아이디어를 내기 위해 색다른 공간을 마련해야 할 수도 있고, 어쩌면 아무 일도 하지 않는 편이 오히려 더 생산적일 수도 있다. 아무 계획이 없을 때 생각이 뜻밖의 방향으로 흐르면서 평소에는 보이지 않던 것이 문득 머리에 떠오를 수 있기 때문이다.

물론 시간은 많을수록 좋다. 그러나 아무리 시간이 많아도 내 마음이 준비되지 않으면 소용이 없다. 생각의 기초는 마음의 유연성이다. 우리는 그저 잡동사니를 줄이거나 해야 할 일의 목록을 처리하는 것 이상으로 노력해야 한다. 우리가 늘 습관처럼 반복하면서도 주목한 적 없는 것부터 살펴보자.

Start With Breathing

1 호흡부터 시작하기

빔 호프Wim Hof는 추위를 느끼지 않는다. 그는 일반 사람들과는 분명히 다르다. 아이스맨이라는 별명으로 더 유명한 그는 네덜란드의 익스트림 스포츠 선수다. 반바지 차림으로 킬리만자로산을 등반하고, 북극권에서 맨발로 하프 마라톤을 완주하는 등 지금까지 18개의 기네스 세계 기록을 세웠다. 그는 자신이 이런 비범한 업적을 달성할 수 있었던 비결로 호흡법을 꼽는다. 신체의 필수 기능인 호흡을 자유자재로 조절하는 능력 덕분이라는 것이다. 익스트림 스포츠를 시작할 생각이 없는 사람도 아이스맨의 이야기에서 깨달음을 얻을 수 있다. 최신 과학 이론에 따르면, 인간의 생명과 직결되는 기능인 호흡법에 대해 우리는 아직도 모르는 것이 너무나 많다. 호흡의 진정한 의미에 대해 잘 모르기 때문에, 얕은 호흡만을 반복하며 얕은 사고에 머물러 있는 경우가 많다. 올바른 호흡법을 익히지 않는다면 우리의 사고는 결국 뻔한 수준을 벗어나지 못할 것이다.

> 누구나 일상적으로 호흡하고 있지만, '제대로' 하는 법을 배운 사람은 극히 드물다.

과학 저널리스트 제임스 네스터James Nestor는 프리다이빙한 번의 호흡으로 몇 분이나 잠수해야 하는 초인적인 스포츠의 세계를 취재하기 위해 그리스의 칼라마타를 방문했다. 그는 그날 경기에 나선 선수들을 만나면서 한 가지 놀라운 점을 발견했다. 익스트림 스포츠 선수는 폐활량이 남달리 크다거나 비범한 신체 능력을 타고난 사람들이 아니었다. 선수 중 한 명이 그들의 공통적인 생각을 네스터에게 설명했다. "세상에는 음식의 종류만큼이나 많은 호흡법이 존재한다"라는 깨달음이었다.

그 말을 들은 네스터는 호흡법에도 좋은 것과 나쁜 것이 있다는 생각에 이르렀다. 이후 호흡법에 관해 연구하기 시작했고, 머지않아 우리의 일반적인 호흡 방식은 시간이 지날수록 건강에 좋지 않다는 사실을 알게 되었다.

우리는 일상생활에서 보통 호흡을 길고 깊게 하지 않고, 짧고 얕게 호흡함으로써 '과호흡' 상태가 된다. 네스터는 숨을 들이마시고 내쉬는 데 각각 5.5초를 쓰는 것이 가장 완벽한 호흡법이라는 사실을 알게 되었다. 그가 쓴《호흡의 기술》은 좋은 호흡이 얼마나 중요한지를 사람들에게 일깨워주며 베스트셀러가 되었다.

뻔하지 않은 사고를 다루는 책에서 가장 먼저 등장하는 주제가 호흡이라니, 너무 뻔한 이야기라고 느끼는 독자도 있을 것이다. 그러나 우리가 너무나 당연하게 여겨 놓치는 것들을 다시 들여다보면, 반복되는 일상 속에서 무뎌진 마음 한구석을 일깨울 수 있다.

일상적인 습관과 익숙한 루틴은 사실 세심한 부분에 주의를 기울이지 않는 삶의 방식일지도 모른다. 우리가 주변의 세세한 부분을 의식하지 않는 이유는 우리의 마음이 이미 그것들을 중요하게 여기지 않고 있어서다. 그러나 나의 호흡에 집중하기 시작하면, 무의식적인 패턴을 깨뜨릴 수 있다. 의식하는 호흡법은 다른 모든 일들도 의식할 수 있도록 돕는다. 이 과정이야말로 마음의 틈을 만들어 뻔하지 않은 생각에 이르는 첫 단계다.

호흡부터 시작하는 방법

누군가가 지켜본다고 상상하기

'호흡'에 집중하는 수업에 참여해보길 추천한다. 같이 모여 있으면 누군가의 시선을 느끼는 순간이 온다. 시선을 의식하며 호흡에 더욱 집중할 수 있을 것이다. 혼자일 때도 주변에 사람이 있다고 상상하면 집중하는 데 도움이 된다. 우리에게 호흡은 너무나 자연스러운 행동이다. 그만큼 두뇌는 쉽고 익숙한 습관을 익히려고 할 것이다. 이때 의식적으로 집중해서 쉬운 길로 빠지지 않도록 해야 한다. 누군가가 나를 지켜본다고 상상하면 제대로 된 호흡을 하는 데 도움될 것이다.

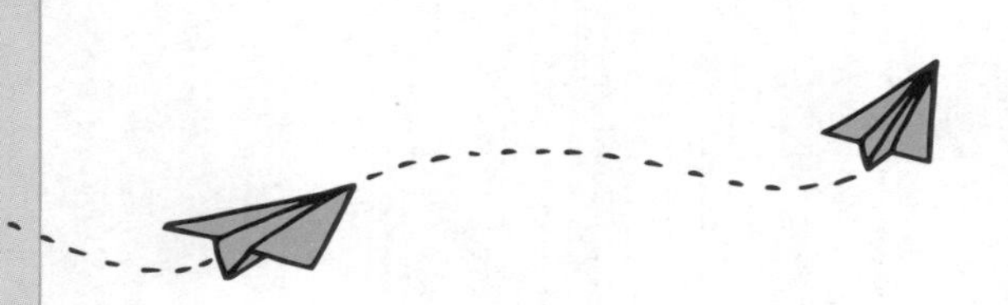

호흡 알람 설정하기

호흡이란 우리 몸이 본능적으로 하는 행동이기 때문에 굳이 알람이 필요할까 싶을 수도 있다. 하지만 올바른 호흡을 익히고 유지하려면, 계속 일깨우는 신호를 습관화하는 것이 중요하다. 알람을 설정하거나 익숙한 장소에 미리 메모를 남기는 법, 아예 호흡 연습하는 날을 정해서 달력에 미리 표시해두는 방법도 있다. 알람에 따라 호흡에 신경 써보자. 올바른 호흡 습관이 생길 것이다.

Ditch Your Prebuttals

현대 정치와 비즈니스에서 가장 독성이 강한 도구는 두말할 필요도 없이 '미리 하는 반박prebuttal'이다.

반박이 누군가의 주장에 대해 사려깊게 답변하는 것이라면, 미리 하는 반박은 언뜻 비슷해 보이지만 완벽하게 어리석은 행동이다. 말 그대로 다른 사람이 어떤 주장을 '하기도 전에' 미리 내어놓는 반박으로, 아직 아무도 하지 않은 말에 반대하는 일이다. 진정한 대화의 기회를 스스로 차단하는 셈이다. 다른 사람의 말에 귀 기울이고 생각할 의도가 전혀 없으며, 오직 내 생각만 중요하다고 공공연하게 선포하는 행동이기도 하다. 선거를 앞두고 정치적 논쟁이 고조될 때마다 언론은 다양한 논객들이 선제적 반박을 주고받는 플랫폼이 되는 경우가 허다하다. 그들의 공허한 외침은 실질적인 토론으로 이어지기보다는 분열과 논란을 만들어내거나 분노를 유발할 뿐이다.

> 미리 하는 반박처럼 안일한 대처 방안에 의존하다 보면 누구나 시야가 좁아질 수밖에 없다.

다행히 정치에 몸담지 않은 한, 우리 삶이나 일터에서 이러한 반박에 관여할 일은 거의 없다. 그러나 반박의 유혹에 빠져드는 사람들의 모습은 우리 일상에서 쉽게 발견된다.

오래된 사소한 기억 때문에 고등학교 동창과 다시 만나기를 꺼리는 것도 일종의 준비된 반박이라고 할 수 있다. 과거에 딱 한 번 부주의한 발언이나 실수를 저지른 일로 동료를 무능한 사람으로 낙인찍는 행동도 마찬가지다. 어떤 일을 '해보기도 전에' 미리 싫다고 단정해버리는 태도 역시 자기 주도적으로 준비된 반박이다.

준비된 반박은 여유 시간을 확보하여 새로운 사람이나 아이디어, 관점 등을 숙고하는 일과는 정반대의 행동이다. 우리가 인격적으로 성숙해지는 것을 방해한다. 사람을 상대하는 일은 어느 한편이 이길 때까지 논박을 주고받는 전쟁이 아니다. 오히려 우리가 미처 몰랐던 사실을 이해하고 깨닫는 기회라고 봐야 한다.

나아가 '상습적인 반박'에 빠지지 않으려면 어떤 상황이나 대화에서 상대방을 무시하는 태도를 의식적으로 제어해야 한다. 순간적으로 성급하게 판단하기보다는 항상 시간적 여유를 두고 심사숙고하는 태도가 필요하다. "세상에 나쁜 아이디어는 없다"는 옛말이 있지만, 그것이 꼭 옳은 말은 아니다. 나쁜 아이디어는 얼마든지 존재한다. 그러나 어떤 아이디어가 옳고 그른지 즉석에서 판가름하기가 그리 쉬운 일은 아니다. 새로운 관점을 접했을 때 비판은 잠시 접어두고 먼저 경청하며, 충분히 생각할 시간을 확보한 후에 견해를 정하더라도 결코 손해 볼 일은 없다.

마음의 틈을 확보하는 일은 상대와 나의 의견이 다르다고 지레짐작하지 않고 귀담아듣는 것부터 시작한다. 그러기 위해서는 선제적 반박의 유혹을 떨치는 것이 중요하다.

선제적 반박의 유혹을 떨치는 법

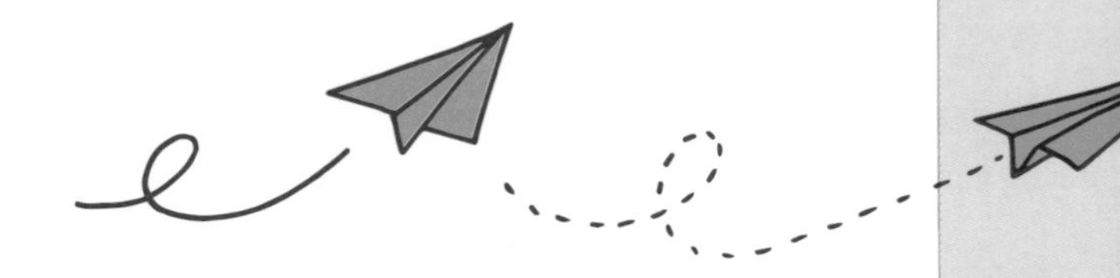

'왜'라고 자문하기

거울을 깨거나 검은 고양이를 보면 불운이 찾아온다고 생각하는가? 특정 질문을 들으면 기분이 나빠지는가? 유난히 기분이 '불쾌해지는' 어떤 대상이 있는가? 그렇다면, 누군가 그런 말이나 행동을 보일 때 어떻게 반응하는가? 비논리적이라는 것을 알면서도 도저히 떨칠 수 없는 어떤 생각을 품고 있지는 않는가? 이런 질문은 스스로는 좀처럼 묻기 어려운 것들이다. 그러나 이런 질문을 던지고 나면 일종의 자각을 통해 마음속에서 일어나는 준비된 반박을 미리 차단할 수 있다.

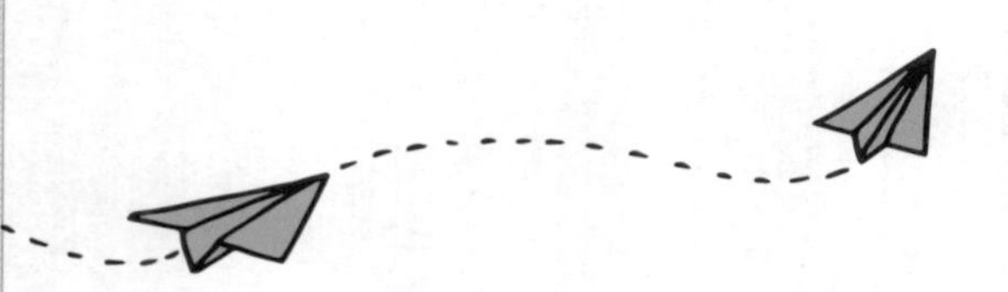

습관처럼 반박하는 사람 구분하기

정치가들이야 쉽게 알아볼 수 있지만, 정치에 관여하지 않는 사람 중에도 한쪽으로 치우친 의견을 가진 사람들이 있다. 이런 사람들은 좀처럼 구별하기 어렵다. 그들은 그저 '반대 의견'을 내는 거라고 변명하거나 냉소적인 태도를 유머 속에 숨길지도 모른다. 하지만 그들의 정체를 알려면 부정적인 태도를 고집하거나 모든 대화에서 주도권을 쥐려는 모습 같은 '반박의 신호'를 알아차려야 한다. 그런 사람을 빨리 간파할수록 우리는 건강한 인식을 가지고 균형 잡힌 관점을 가질 수 있게 된다.

Make
Oasis
Moments

3 평온한 순간을 만드는 법

오전 9시 8분, 텍사스주 오스틴 시내의 한 호텔 로비. 매년 봄에 개최되는 사우스 바이 사우스웨스트South by Southwest, SXSW 컨퍼런스에 모여든 200여 명의 참가자들은 기대에 가득 찬 표정이었다. 60초 후 호텔 로비에는 엄청난 환호가 울려 퍼졌다.

뒤이어 펼쳐진 번개 대화 모임은 이른바 '뻔하지 않은 7분 미팅'이라는 행사의 일부다. 대화의 단절로 인해 생긴 시대의 문제를 해결하기 위해 우리 팀이 구상한 기발한 모임이다.

SXSW에서는 음악가, 영화 제작자, 대기업, 스타트업 창업주 등 다양한 주체들이 모여 총 열흘에 걸쳐 공연과 지식 공유, 집중 교류, 협력 활동 등을 한다. 수백 개의 세션으로 구성된 이 행사는 일부러 혼란을 만든다. 이 컨퍼런스는 도시 전역의 크고 작은 행사장을 두루 채워가며 거의 온종일 진행된다. 첫 방문자나 오래도록 참석해온 사람이나 외로움과 압도감을 느끼기는 마찬가지다. '뻔하지 않은 7분 미팅'을 기획한 취지는 모두가 바삐 움직이는 가운데에도 잠시 숨을 돌리고 소박하나마 소속감을 느낄 기회를 마련하자는 것이었다. 이 모임에 참여한 사람들은 처음 보는 사람에게 자신만의 비범한 측면을 드러냄으로써 수많은 인파 속에서도 친밀한 인연을 맺을 수 있도록 권장된다.

오아시스의 순간은 일상의 일반적인 소음과 혼란으로부터 피난처를 제공해 성찰과 열린 마음을 가질 수 있게 해준다.

단순하더라도 이런 만남이 오래도록 계속되다 보니 각종 비즈니스 제휴와 고객 관계가 견고해진 것은 물론이고, 더러는 로맨틱한 관계가 맺어지기도 했다. 우리는 여기에서 힌트를 얻어 전 세계 수십 개의 다른 행사 현장에서도 유사한 모임을 기획해서 좀 더 진정성 있는 대화의 장을 만들고자 노력했다. 이렇게 짧은 만남이 이토록 큰 영향력을 발휘한 이유는 무엇일까? 이런 만남은 마치 축구 경기의 하프타임처럼 제한된 시간 동안 몸과 마음을 추스를 기회가 될 수 있다. 주위가 아무리 혼란스러워도, 단 몇 분만이라도 쉴 수 있다면 과도한 자극을 피하는 데 큰 도움이 된다. 《콰이어트》의 저자 수전 케인Susan Cain은 내향적인 사람과 외향적인 사람의 가장 큰 차이는 그들이 편안하게 느끼는 자극의 정도에 있다고 말했다. 물론 가장 바람직한 자극의 정도는 사람마다 다르지만, 고요한 상태에서 심신을 가다듬고 재충전해야 할 시점에 다다랐다는 점에서는 우리 모두 마찬가지일 것이다.

그런 평온한 순간은 다른 누군가가 마련해줄 수 없다. 우리는 스스로 그런 순간을 만들어내야 한다. 어수선한 주위 환경에 질려버리면 어떤 일에든 온전히 몰입할 수 없다. 그 결과 중요한 세부 사항을 놓치거나, 고의가 아니더라도 다른 사람의 관점을 과소평가하거나, 새로운 아이디어를 접하고 받아들일 기회를 놓칠 가능성이 커진다. 단 몇 분이나마 숨을 돌리고 내면을 들여다볼 '오아시스의 순간'을 찾는 것은 과도하게 붐비고 바쁜 순간에 마음의 틈을 마련하는 가장 좋은 방법이다. 우리가 만들어낸 그 순간은 지금까지 전혀 눈치채지 못했던 새로운 가능성을 목격하거나, 그렇지 않았더라면 전혀 만날 기회가 없었던 사람과 인연을 맺는 출발점이 될지도 모른다.

오아시스를 만나는 법

시간을 정하라

오아시스를 만나는 건 애초에 가장 바쁘고 혼란스러우며 시끄러울 때 잠깐 휴식을 취하려는 것이 목적이므로 사실 그 순간이 가장 절실하게 필요할 때는 좀처럼 확보하기 어려울 수밖에 없다. 그래도 조금이나마 쉬운 방법이 있다면 앞으로 닥칠 상황이나 사건 중 가장 정신이 없을 만한 것이 무엇인지 미리 생각해보는 것이다. 그런 다음, 그렇게 바쁜 와중에 잠시나마 숨을 돌릴 시간을 미리 정해두고 최우선으로 지키도록 한다. 단 7분 만이라도 말이다!

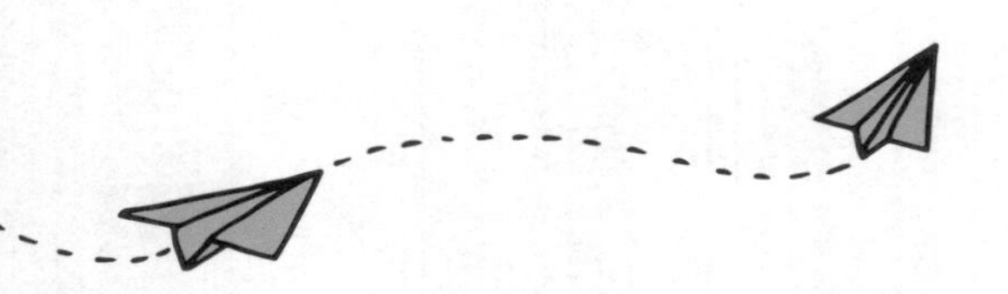

주의 집중

오아시스의 순간을 확보하기 위해 굳이 완전한 고요함이나 격리된 공간이 필요하지 않다. 실제로는 주위에서 찾아볼 수 있는 특정 색상이나 형태, 냄새 및 기타 사소한 세부 사항을 골라 거기에 주의를 집중하는 것만으로도 충분하다. 주변에서 파란색을 띤 것을 찾아보자. 혹은 동그라미를 좋아한다면 그런 모양을 찾아 시선을 집중해 보자. 이런 식으로 시선의 긴장을 잠시 푸는 것만으로도 자신만의 독특한 정신적 휴식과 여유 시간 창출법이 될 수 있다.

Embrace Danger

4 위험한 일에 도전하라

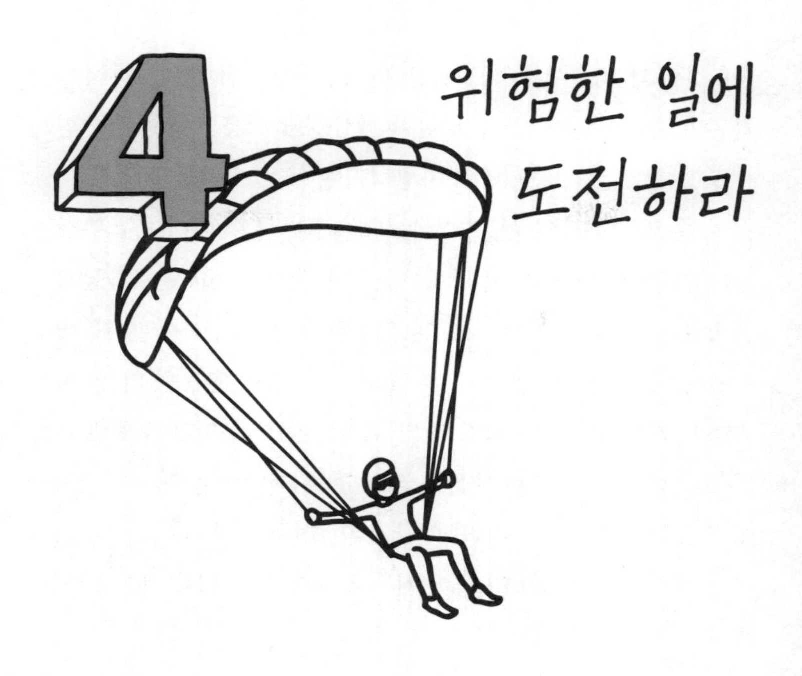

영국 노스 웨일즈 렉섬 외곽에 자리한 놀이공원 '더 랜드'는 특이한 운영으로 유명하다. 그것은 이 공원에 규칙이 없다는 것이다. 이곳에 온 어린이들은 불을 지르거나 날카로운 물건을 가지고 놀아도 상관없다. 아니, 오히려 공원 측이 그렇게 하도록 권장한다. 이 공원은 개장 초창기에 어린이들이 망치와 톱을 들고 노는 등 온갖 위험천만한 행동을 하는데도 어른들은 거의 간섭하지 않는 모습을 담은 다큐멘터리를 선보이며 대중의 시선을 사로잡았다. 어린이들이 모처럼 찾아가더라도 금세 지루해하는 기존의 놀이공원과 달리, '무한한 가능성이 허용되는 공간'이라는 광고를 내건 이 공원만의 차별성 덕분에 큰 인기를 끌었다.

흥미롭게도 더 랜드에서는 오히려 다른 놀이터보다 부상자가 더 적게 발생했다고 한다. 이런 역설을 마주한 연구자들은 흥미로운 이론[3]을 하나 세웠다. 위험한 공원이므로 어린이들이 오히려 더 조심스레 놀고, 서로 도와주며, 주변 환경을 더 잘 살폈다는 것이다. 연구자들은 만약 이 이론이 사실이라면 훨씬 더 큰 질문이 제기된다는 사실을 깨달았다. 대개의 놀이공원에서 어린이를 보호하기 위해 인조 잔디를 설치하는 등의 조치를 취하는 것이 오히려 어린이들이 자신을 보호하는 법을 배울 기회를 앗아가는 것은 아닐까?

> 일상생활에서 만나는 위험과 마찰은 주의력과 회복력을 기르는 중요한 도구다.

이런 질문을 어른들의 일상생활에도 던질 수 있다. 강력한 기업용 이메일 스팸 필터는 출처가 불분명한 메시지를 차단한다. 아무리 물에 뜨는 물건일지언정 무시무시한 경고 딱지가 붙어 있으면 위급한 상황이 오더라도 선뜻 구명 조끼 대신 쓸 마음이 생기지 않는다. 그런가 하면 요리든 주차든 버튼 하나로 다 해주는 기술이 발달할수록 우리는 조금만 불편해도 견딜 수 없는 성향으로 변해간다. 각종 기술로 세상이 더 안전하고 편리해진다면 우리가 실패할 확률은 줄어들 수는 있어도 거기에서 배울 기회를 놓칠 위험이 있다. 이 점을 증명이라도 하듯 GPS에 익숙해진 사람의 공간 지각력이 저하[4]되었다는 사실이 여러 연구로부터 밝혀졌다. 즉, 구글 지도는 우리의 방향 감각을(그리고 어쩌면 미지의 길을 탐험하고자 하는 우리의 의지마저도) 죽이고 있다. 모든 세상살이가 안전하고 쉬워진다면 우리의 날카로운 촉은 점점 무뎌질 것이다.

반면에 우리가 실수할 것을 각오하고 위험을 감수할 때는 정신적, 육체적 한계를 뛰어넘는 초능력이 생긴다. 위험한 상황에서 주의력이 최고조에 올라설 때는, 그렇지 않았다면 눈에 보이지 않았을 많은 것들을 포착할 수 있다. 더 많은 기회를 포착하라는 말은 안전벨트도 착용하지 않은 채 빙판길을 무모하게 달리라는 뜻이 아니다. 그것은 실험의 여지를 만들어내고 낯선 경험을 적극적으로 환영한다는 의미다. 지도도 없이 낯선 도시를 돌아다니든, 익스트림 스포츠에 도전하든, 일상에 위험과 마찰의 요소를 조금 더 수용하는 것은 정신적 틈새를 확보해 새로운 아이디어를 받아들이는 중요한 방법이 될 수 있다.

위험을 끌어안는 법

네비게이션을 꺼라

위험을 감수하는 것은 그리 어려운 일이 아니다. 스마트폰에서 지도 앱을 끄거나 자동차 네비게이션을 켜지 않은 채 운전하면 된다. 혹은 레시피 없이 요리하거나 설명서를 펴지 않고 가구를 조립하는 것도 포함된다. 새로운 외국어를 배울 때 주위에 원어민만 가득한 상황에서 말해야 한다면 두려움이 생기는 건 당연하다. 하지만 어떤 상황이 펼쳐지든 일반적인 안내나 규칙 없이 대처해보면 주의력이 높아지고 낯선 경험을 자연스럽게 받아들일 수 있게 된다.

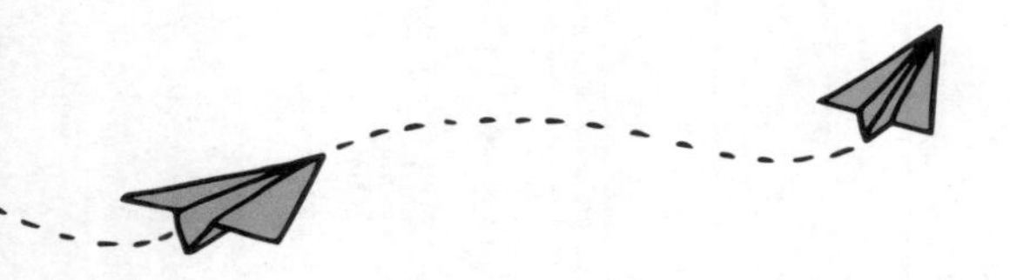

새로운 시도

누구나 나이가 들수록 안전한 길, 즉 이미 알고 있는 방법을 고수하는 경향이 있다. 이런 사고방식을 벗어나는 가장 좋은 방법은 안 했던 것을 시도해보는 일이다. 겨울마다 스키를 즐겼다면 이번에는 스노보드를 배워보자. 갑자기 스탠드업 코미디 수업을 들어보는 것도 좋다. 올해 여름에는 작년에 갔던 휴가지와 다른 곳으로 떠나자. 낯설고 새로운 것을 받아들이는 과정에서 자기도 모르게 마음속에 드리워져 있던 보호층이 한 겹 벗겨지고 새로운 사고방식과 관점을 위한 틈이 마련되는 것을 느낄 수 있을 것이다.

Change Your Rituals

중세 유럽인 중에는 칼로리가 높은 맥주가 아침 식사 대용으로 좋다고 생각한 사람도 있었다. 물론 그보다는 알코올 함량에 더 관심이 있었겠지만 말이다. 인도를 비롯한 동남아시아 지역에서는 고대 아유르베다 수련법에 따라 아침마다 혀를 닦거나 눈을 씻는 등의 방법으로 심신을 관리하는 습관이 널리 퍼져 있다.

현대의 자기계발 전문가들도 긍정적인 생활 습관을 가지

라고 말한다. 매일 우선순위 목록을 작성하고, 건강한 아침 식사를 하고, 특히 잠에서 깨자마자 핸드폰부터 확인하는 습관을 버리라는 것 등이다. 아침에 일어나자마자 처음 하는 일은 대단히 중요하다. 그래서인지 여기에 관해서는 사람마다 의견이 다 다른 듯하다. 전문가마다 의견은 다르지만, 반드시 한 가지 일치하는 부분이 있다. 어떤 습관이든 효과를 보려면 꾸준히 실천해야 한다는 점이다. 일관성이 가장 중요하다. 여러분도 이 생각에 동의하는가?

습관은 대개 인내와 헌신에 따라 자라나는 경우가 많다. 아침마다 똑같이 반복하는 행동은 긍정적인 습관으로 발전할 수도 있지만, 한편으로는 정신적 타성으로 굳어질 위험도 있다. 그런 습관이 굳어지면 우리 뇌는 마치 정해진 길을 따라가는 자동 항법 장치 같은 신세가 될지도 모른다. 본능만 따르며 살다 보면 생각을 멈춰버리게 된다. 아침에 일어나 맨 처음 하는 일이 무언가를 매일 반복하는 일이라면, 오히려 뻔한 생각을 하도록 만들지도 모른다.

정신적 타성에 빠지지 않으려면 하루의 시작을 바꿔보자.

하루를 시작하는 방법을 다른 관점으로 생각해보자. 즉, 아침마다 하는 행동을 일종의 실험으로 여겨보면 어떨까? 일주일만이라도 커피 대신 차이chai[5]를 마셔보라. 아니면 핸드폰을 침실 대신 다른 방에서 충전해보는 것이다. 또는 주중에 하루를 정해서 다른 날보다 훨씬 일찍(또는 훨씬 늦게) 일어나는 것도 좋은 방법이다.

분자요리 분야를 개척한 유명 요리사 페란 아드리아Ferran Adrià는 〈타임Time〉지와 인터뷰하면서 '아침 식사' 습관을 알려달라는 요청을 받았다. 이에 그는 한 달을 주기로 매일 아침마다 다른 과일을 먹는다[6]는 평범하지 않은 습관을 소개했다. 세계에서 가장 창의적인 요리사도 아침 습관을 바꾸는 간단한 행동으로 다양한 가능성에 마음을 여는 법을 훈련하고 있음을 알 수 있었다. 우리도 하루를 시작하는 첫 순간에 새로운 요소를 불어넣으면 똑같은 효과를 얻을 수 있다. 오늘 아침도 여느 날과 다름없이 무심코 커피 한잔으로 시작하기보다는, 새로운 관점과 아이디어를 받아들이고 몰입하겠다는 강력한 신호를 마음에 보내보자.

습관을 바꾸는 법

행동의 순서를 바꾸기

일주일간 아침에 일어나서 처음 하는 모든 행동을 모두 적어 보자. 그리고 여기에 최소한 하나를 더해 행동의 순서를 바꿔 보자. 만약 평소에는 샤워한 후에 아침밥을 먹었다면, 이번에는 식사부터 하고 샤워한 다음 매거진 웹사이트에 들어가 헤드라인만 읽어도 좋다. 평소 습관과 다르게 행동하면 두뇌에 새로운 아이디어를 받아들일 여유 공간을 마련할 수 있다.

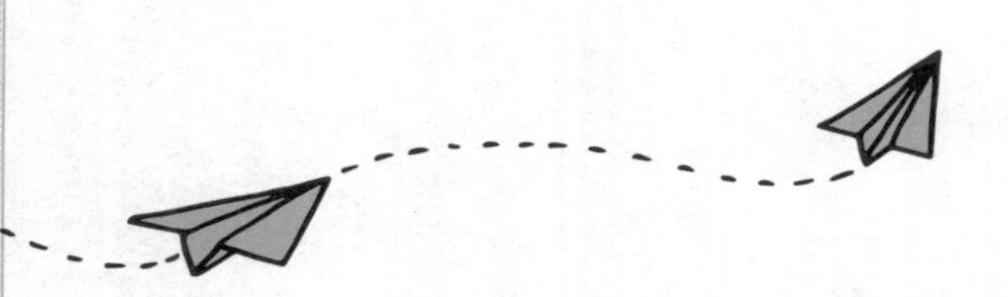

5초 규칙

사람은 익숙한 습관을 좀처럼 바꾸려 들지 않는다. 변화를 시도하기가 어려워 고민이라면 자기계발 전문가 멜 로빈스Mel Robbins의 조언[7]을 들어보자. 새로운 행동을 시작하기 전에 5, 4, 3, 2, 1 하고 거꾸로 숫자를 세어보는 것이다. 그런 다음 과감하게 변화를 시도한다. 그저 다섯을 세는 것만으로도 새로운 하루의 첫걸음이 시작된다.

Allow
Time
Spaciousness

6 과감하게 속도 늦추기

세계적인 영화감독 제임스 캐머런James Cameron이 역대 최고 수익을 올린 블록버스터 영화의 속편 촬영을 준비할 때였다. 그는 세계에서 가장 깊은 바다라는 마리아나 해구를 최초로 단독 잠수하기 위해 작은 잠수정에 탑승해 있었다. 캐머런은 그로부터 4년이 더 지난 후에야 영화 제작에 착수한다. 영화 〈아바타〉의 1편을 완성하는 데 거의 12년이 걸렸던 것을 생각하면 그리 놀라운 일도 아니다. 물론 이런 일정으로 촬영할 수 있는 감독은 흔치 않을 것이다.

그는 1997년에 〈타이타닉〉, 2009년에 〈아바타〉, 그리고 2022년에 〈아바타 2〉를 만들었는데 세 편 모두 20억 달러가 넘는 수익을 기록했다. 영화계에서 이런 성과를 거둔 감독은 오직 그뿐이다. 총 다섯 편의 〈아바타〉 시리즈가 완성되면 그는 30년이 넘는 세월을 이 영화에만 바쳐 100억 달러가 훨씬 넘는 수익[8]을 올리게 된다. 이처럼 제임스 캐머런은 전혀 서두르지 않는다.

우리가 이 유명한 할리우드 감독처럼 기나긴 일정을 잡아놓고 마음대로 시간을 쓸 수는 없지만, 그의 사례에서 교훈을 얻을 수는 있다. 캐머런은 제작 기간을 단축하라는 외부 압력에도 불구하고 계획된 다섯 편의 영화 대본을 4년에 걸쳐 완성한 뒤에야 다음 영화의 촬영에 들어갔다.

여러분도 인생에서 가장 중요한 일에 이런 식의 사고를 발휘해 보면 어떨까? 역사상 가장 많은 사람이 읽은 자기계발서는 아마도 《데일 카네기 인간관계론》일 것이다. 그런데 이 책은 한 출판사가 오랫동안 끈질기게 설득한 끝에 카네기가 마지못해 출간한 것이었다. 이 책이 출간되던 1936년까지 카네기는 24년에 걸쳐 화술과 인간관계를 주제로 강연을 이어오고 있었다. 이 책은 출간되자마자 큰 인기를 끌었고, 전 세계적으로 3,000만 부가 넘는 판매량을 기록하며 역대급 베스트셀러가 되었다.

> 여유 시간을 두는 법을 터득하면 늘 서두르거나 마감에 시달리지 않아도 된다.

작가 제인 맥고니걸Jane McGonigal은 미래를 낙관하는 태도가 가장 중요하다고 말한다. 그녀는 시간적 여유에 대해 "정말 중요한 일을 할 시간이 충분하다고 생각하는 데서 오는 편안하고 든든한 느낌[9]"이라고 설명한다.

여유 시간을 두는 법을 익히면 인내심이 늘어나기도 하는데, 세상의 무게를 짊어지고 사는 현대인에게 쉬운 일은 아니다. 여유 시간을 두기 위해서는 잠시 멈추는 것을 실패로 여기지 않고 과감하게 속도를 늦추는 결단이 필요하다.

우리는 눈에 보이지 않는 시계에 쫓겨 삶과 일에서 빨리 성공하려 애쓰느라 생각도 늘 서두른다. 그 결과 겨우 현상 유지에 그치는 뻔한 생각에 머무른다. 최고의 아이디어를 떠올리고 예상치 못한 연결고리를 알아채려면 이 보이지 않는 시계부터 멈춰야 한다. 깊이 생각할 시간을 내기 시작하면 비로소 최고의 아이디어가 빛을 발할 것이다.

시간을 여유롭게 쓰는 법

쓸데없이 마감을 정하는 습관을 버리기

꼭 지켜야 하는 객관적인 마감(지원 마감일 등)과 자기 의지로 정하는 마감(40세까지 내 집 마련 목표 등)은 다르다. 쓸데없이 마감을 정하는 습관을 조금만 줄여도 새로운 사고와 아이디어에 필요한 여유를 낼 수 있다. 마감에 집착하지 않을수록 마음에 여유가 생겨 목표를 착실히 추진할 수 있으므로 오히려 달성할 기회를 앞당긴다.

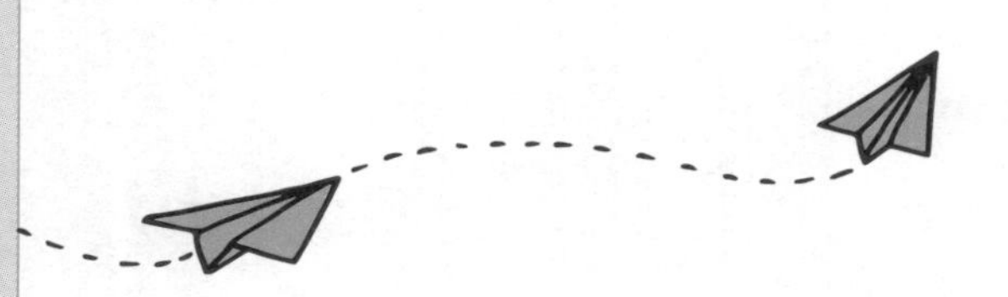

관광객이 아니라 여행자 되기

패키지 관광은 짧은 일정 안에 여러 곳을 둘러보기에 좋은 방법이다. 그러나 한곳 한곳의 진정한 아름다움을 음미하기에는 아쉬운 점이 있다. 페리를 타고 25분 동안 시드니 오페라하우스를 스쳐 지나는 것과 그곳의 야외 바에 앉아 와인 한 잔을 기울이다가 지나가던 낯선 두 사람이 멋진 건물 앞에서 약혼식을 올리는 광경을 보는 일은 전혀 다르다. 후자는 새로운 경험을 위해 시간을 따로 내야만 할 수 있는 일이다. 관광객보다는 여행자가 되어보자.

번뜩이는 통찰

어느 몽타주 화가가 외딴 창고에서 스케치 준비를 하고 있다. 그리고 여성들이 한 명씩 나타나 커튼 뒤에 있는 그와 가까운 곳에 앉았다. 여성들은 그를 볼 수 없고, 그도 마찬가지다. 화가는 여성들에게 자신의 얼굴을 코에서 턱, 이마, 눈 등에 이르기까지 자세히 설명해달라고 말한다. 그는 오로지 여성들의 설명만 듣고 얼굴을 그렸다. 그리고 한 사람이 끝나면 다음에 들어온 여성에게 앞 사람의 외모를 묘사해달라고 부탁한다. 화가는 그 설명을 바탕으로 앞 사람의 얼굴을 한 번 더 그린다.

이윽고 완성된 두 그림이 창고에 나란히 걸린다. 그리고 여성들이 천천히 들어와 이 실험의 결과를 직접 살펴본다. 두 몽타주에 나타난 얼굴은 놀랄 정도로 다르다. 자기가 직접 설명한 쪽의 얼굴이 다른 사람이 말한 쪽보다 더 심술궂고, 슬프며, 불친절한 느낌으로 그려져 있다.

> 번뜩이는 통찰은 실상을 알려주는 놀라운 진실이다.

나란히 놓인 두 그림은 사람들이 자기 모습을 다른 사람이 보는 것보다 훨씬 더 가혹하게 판단한다는 사실을 보여준다. 이 실험은 사실 스킨케어 회사인 도브Dove의 유명한 뷰티 광고[10] 시리즈의 일부였다. 이 실험에서 얻는 깨달음은 다음의 호소력 짙은 문구로 요약된다. "당신은 자신이 생각하는 것보다 더 아름답다."

우리는 강점에 집중하는 대신 결점만 들여다보기 쉽다. 이 사실을 깨닫는 것이야말로 뻔하지 않은 생각의 바탕이다.

통찰은 진지한 경청이나 조사, 분석 등을 통해 얻을 때가 많다. 그리고 기발한 착상과 효과적인 광고 전략으로 포장되기도 한다. 그러나 통찰의 출발점은 역시 관찰이다.

통찰을 얻으면 여러 행동과 습관, 관점 등을 새롭게 이해할 수 있다. 2부에서는 흥미로운 관찰 거리를 찾아 통찰을 얻는 방법을 소개한다. 우선 사람들과의 대화 수준을 한 차원 높일 수 있는 경청의 기술을 알아보자.

Ask Story Questions

7 질문지는 작성하지 말 것

질문법에 관한 명강사를 꼽자면 재키 바나신스키Jacqui Banaszynski만 한 인물이 없을 것이다. 퓰리처상을 수상한 저널리스트이자 미주리대학교 명예 교수를 맡고 있는 그녀는 수십 년 동안 언론인 지망생들을 가르쳐왔다.

그녀의 가르침 중에는 "인터뷰 질문을 미리 작성하지 말라" 라는 내용이 있다. 앞선 질문에 대한 답변을 바탕으로 그다음 질문을 던지는 식으로 대화를 활력 있게 끌어가야 한다는 것이다. 그녀는 대화의 목표란 해답을 찾는 것이 아니라 이야기를 끌어내는 데 있다고 강조한다.

우리는 면접, 취재, 조사 등을 위해 다른 사람을 인터뷰할 때면 거의 공식처럼 사전 질문지부터 작성한다. 로히트가 자신이 운영하는 팟캐스트에 손님을 초대해 인터뷰할 때도 마찬가지였다. 방송을 10개쯤 마쳤을 때, 그는 출연자와의 대화가 꼭 정해진 순서대로 진행되지만은 않는다는 사실을 깨달았다. 마침 그때쯤 바나신스키가 말한 인터뷰 방법을 배웠던 터라 곧바로 시도해봐야겠다고 마음먹었다.

처음에는 실천하기가 쉽지 않았다. 출연자가 하는 말을 더욱 귀담아듣고 미묘한 뉘앙스를 재빨리 알아차려야 했다. 한편으로는 대화가 더욱 진솔하고 자유롭게 이루어진다는 것을 느꼈다. 청취자들의 반응도 좋았다. 방송 자체가 더욱 진실하고 인간적인 모습으로 발전했다.

바나신스키는 이렇게 말한다. "이야기를 담아서 질문하면 사람들은 인생을 영화처럼 되돌아보게 됩니다. 과거의 한순간을 마치 영화의 한 장면처럼 생생하게 마주하는 거지요." 그녀는 이야기 질문법의 팁도 제시한다. 어떤 개념을 설명할 때는 어린이들이 가득 모인 교실 강단에 서 있는 걸 상상하고, 기억을 떠올릴 때는 그와 관련된 감정이 아니라 감각을 떠올리라고 한다.

> 질문을 통해 해답보다 이야기를 끌어내야
> 더 흥미로운 것을 볼 수 있다.

모든 사람이 탐사 언론인처럼 이야기를 끌어낼 수는 없지만, 그들의 방법을 참고하면 우리도 지금까지와 다른 새로운 사실을 발견할 수 있다. 사람들에게 이야기를 이어나가듯이 질문을 던지면 누구나 자신이 살아온 인생 경험과 시각을 자연스럽게 풀어낸다. 미처 생각지도 못했던 그들의 대답은 곧잘 흥미로운 이야기가 되고, 그 속에서 놀라운 깨달음을 발견할 수 있다.

이야기식 질문법

덧붙이는 이야기가 중요하다

사람들은 이야기를 나눌 때 꼭 사소한 내용을 덧붙이는 습관이 있다. 때로는 이런 무심코 내뱉은 이야기가 의외로 중요한 실마리가 된다. 왜 그런 이야기를 덧붙였는지 물어보자. 그들이 질문을 듣고 자신의 이야기를 새로운 관점으로 생각해본다면 또 다른 퍼즐이 맞춰진 것이다. 결국 우리는 또 다른 통찰을 얻을 수도 있다.

꼬리에 꼬리를 무는 질문

모든 대화는 질문(및 경청)의 수준을 한 단계 높일 기회다. 지금부터는 다른 사람과 대화할 때마다 질문을 최소 세 번 연달아 하겠다고 마음먹어보자. 단, 상대방이 앞서 대답한 말과 관련된 내용이어야 한다. 익숙해지면 네 번 연속에 도전해본다. 그다음에는 다섯 번으로 늘린다. 과연 몇 번까지 할 수 있을까? 이렇게 연습하다 보면 경청의 습관이 몸에 배어 더욱 알차고 수준 높은 대화를 할 수 있다.

Hone Your Nunchi

8 눈칫밥도 소화시키는 법

한국 문화에는 다른 사람의 속마음과 기분을 직접 묻지 않고도, 무엇을 생각하고 느끼는지 알아서 알아채야 하는 기술이 있다. 한국인이 무려 5,000년이나 갈고 닦아온 이 '눈치[11]'는 사회적 압력과 민감한 주제를 헤쳐가는 데 꼭 필요한 기술이다. 일본어에도 비슷한 표현이 있다. '쿠우키오요무空気を読む[12]', 즉 '공기를 읽는다'라는 말은 사람들의 말과 행동 뒤에 숨은 의미를 말하지 않아도 알아야 한다는 뜻이다.

즉 두 나라 모두 겉으로 드러나는 말과 행동이 꼭 실제 의미나 속마음, 기분 등과 일치하지 않는다는 사실이 문화에 반영되어 있는 것이다. 몸짓을 읽어내는 기술도 바로 이런 개념에 바탕을 두고 있다. 우리의 행동에는 말로 표현되지 않는 감정이 자연스럽게 배어 있기 때문이다. 용의자를 심문하는 경찰은 오랜 훈련을 통해 습득한 기술로 상대방의 무의식적인 몸짓에서 거짓말의 징후를 발견한다. 지나치게 커지거나 작아지는 목소리, 말과 행동이 달라지는 모습(말로는 그렇다고 하면서 고개는 가로젓는 경우), 말할 때 입을 가리는 행동 등은 모두 거짓말의 뚜렷한 징후다.

말하지 않는 생각, 기분, 의도 등을 알아챌 수 있다면 숨은 의미를 한층 더 깊이 알 수 있다.

자신의 의견을 직접 밝히고 해석하는 능력도 중요하지만, 여기에 분위를 읽고 몸짓을 알아채는 기술까지 더한다면 통찰력을 한층 강화할 수 있다. 마치 대화 중에 상대방의 감정을 자막으로 읽어 다른 사람은 미처 모르는 내용이나 관점을 오직 나만 알아채는 것과 같다. 이런 비언어적 신호를 알아채지 못하는 사람이어도 연습을 통해 대인관계 기술을 어느 정도 기를 수 있다. 전문 용어로는 이것을 신경다양성neurodiversity이라고 한다. 신경다양성을 기르면 다른 사람과 전혀 다른 미묘한 방식으로 세상을 보고 경험할 수 있다. 예컨대 상대방이 대화 중에 자꾸 시계를 들여다보거나 시선을 돌린다면 주의가 산만하다는 것 정도는 누구나 안다. 여기서 말하는 능력은 그 정도를 뛰어넘는다.

한국 사회처럼 대인관계 기술이 대단히 중시되는 문화권에 살지 않더라도 사람들의 행동을 보고 행간의 의미를 읽는 능력은 충분히 기를 수 있다. 우선 사람들을 지켜보는 일부터 시작하면 된다. 공항이나 공원처럼 혼잡한 장소, 아니면 조용한 레스토랑이나 커피숍 같은 내밀한 장소에서 사람들이 대화하는 모습을 관찰해보자. 그들이 상대방의 말을 듣는 태도나 웨이터를 대하는 모습, 시선 처리, 대화에 합류하는 다른 사람을 반기는지 등 아주 세세한 부분까지 눈에 들어올 때쯤이면 아마도 겉으로 드러난 것보다 훨씬 큰 그림이 보일 것이다.

한국에는 남의 눈치를 보아가며 밥을 얻어먹는다는 뜻의 '눈칫밥'이라는 말이 있다. 이를 긍정적으로 해석해서, 눈치를 통해 정말 영양가 있는 '밥'을 받아먹는다고 생각하면 어떨까? 눈칫밥을 먹는 연습이 쌓이다 보면 나중에는 다른 사람을 만날 때마다 몸짓에서 나오는 신호를 안 보려고 해도 볼 수밖에 없는 단계에 도달한다. 드디어 눈치를 터득한 것이다.

눈치 연습법

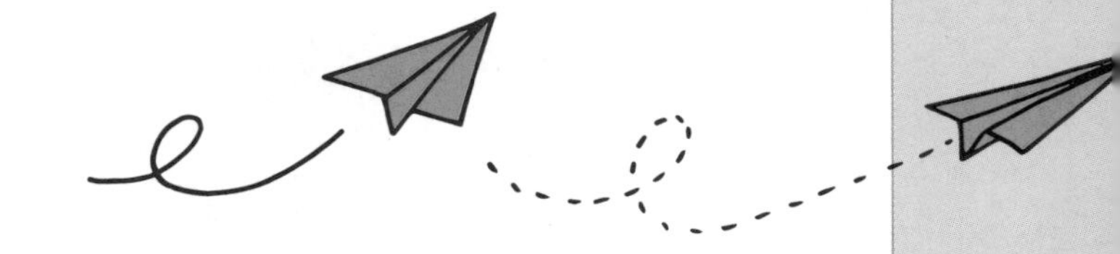

볼륨 끄고 보기

동영상을 시청할 때 볼륨을 완전히 줄여 보자. 소리도 들리지 않고 자막도 없으면 화면에 나오는 사람들의 표정이나 몸짓에 주의를 기울일 수밖에 없다. 두뇌가 자연스럽게 나머지 정보를 처리하느라 바빠진다. 1960년 미국 대선 토론에서 존 F. 케네디의 태도가 침착했던 것과 달리 리처드 닉슨이 유난히 긴장한 채 안절부절못했던 모습이 선거 판도의 결정적인 전환점[13]이 되었다는 것이 정설이다. 닉슨은 이후 가는 곳마다 패배를 거듭했다. 우리 몸은 말로는 알기 힘든 힌트를 드러낼 때가 많다.

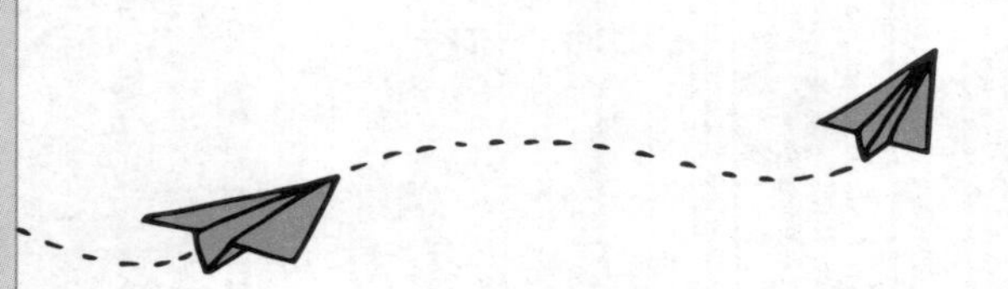

폭넓게 살펴보기

특정 공간에 있는 사람들을 두루두루 살펴보면 귀중한 정보를 얻을 수 있다. 새로운 상황에서 단 하나의 목표나 사람에만 너무 집중하면 전후 사정에 관한 중요한 단서를 놓치기 쉽다. 예를 들어, 두 사람이 나란히 서 있을 때 그중 한 명이 유독 다른 사람을 더 자주 쳐다보는가? 이런 사소한 차이를 눈여겨보면 누가 진짜 결정권자인지 알 수 있다. 방 안의 분위기를 파악하려고 애쓰다 보면 어느 순간 미묘한 신호가 눈에 들어오고 전체 맥락을 이해할 수 있다.

Get Your Hands Dirty

배달 기업 대표가 직접 배달하는 이유

승차 서비스 기업 우버Uber의 CEO 다라 코스로샤히Dara-Khosrowshahi는 경영자가 된 지 몇 년 만에 아주 이례적인 주제로 전사 회의[14]를 소집했다. "우리는 왜 이렇게 형편없는가"라는 주제였다. 코스로샤히는 직접 현장에 나가 음식 배달원이나 택시 운전사로 뛰어보며 회사의 서비스를 경험한 적이 있고, 그 때문에 회사 시스템의 단점을 온몸으로 느꼈다. 현장에서 직접 경험해 보는 것이 중요하다는 개념은 오랫동안 방영되어 온 미국의 리얼리티 TV쇼 <언더커버 보스>의 주제이기도 하다. 이 프로그램에서는 기업의 고위 경영자가 자사의 말단직을 직접 맡아 경험하고 심각한 문제점을 찾아낸다. 이로 하여금 일선 직원들이 업무에서 겪는 어려움을 이해해보는 것이다.

이 TV쇼와 코스로샤히의 경험에서 알 수 있듯이, 현대인들은 대개 현장과 동떨어진 채 살고 있는 경우가 많다. 무슨 일이든 직접 해보고 깨달을 기회를 놓치는 것이다. 하지만 평소에 잘 하지 않던 일을 직접 해보면 그 일의 과정과 복잡성, 어려움을 알게 된다. 그 일을 계속 하던 사람들의 처지를 더 깊이 이해할 수도 있다.

> 직접 해보면 그저 보는 것만으로는 알 수 없는 귀중한 교훈을 얻을 수 있다.

예를 들어 로히트는 몇 년 전에 공조 설비Heating, Ventilation, Air Conditioning, HVAC 업계의 한 기업으로부터 강연을 요청받은 적이 있었다. 그는 강연 몇 주 전에 회사 측에 수리점 한 곳을 방문해서 HVAC 시스템의 설치 과정을 지켜보고 직접 현장 기술자와 함께 수리 작업을 해봐도 되느냐고 물었다. 현장 방문은 가능했지만, 기술의 전문성으로 인해 HVAC 시스템을 직접 수리해볼 수는 없었다. 그렇더라도 수리 기술자들이 일상에서 겪는 스트레

스와 어려움을 겪는지는 자세히 알게 되었다. 결국 그들의 어려움을 조금이나마 직접 눈으로 확인한 덕분에 좀 더 현장감 있는 강연을 할 수 있었다.

벤처캐피털 회사를 운영하는 벤도 비슷한 경험이 있다. 어떤 투자가 좋은 기회인지 확인하기 위해서는 먼저 투자 대상 회사의 파트너사나 잠재 고객을 직접 방문해 자세히 살펴보는 것이 좋다. 투자를 제안한 제안사의 설명을 듣고, 직접 고객을 만나서 그들이 해결하고자 하는 문제를 듣고 자세히 이해하면, 그에 맞는 차별화 전략을 세울 수 있다. 또한 현장을 일일이 방문하다 보면 마음이 맞는 사람끼리 모이게 되고 그들의 호의를 얻을 수도 있다.

이 방식은 큰 성공을 거두었고, 이를 토대로 벤은 투자하는 모든 회사의 신규 고객 확보를 위해 더 적극적으로 노력할 수 있었다.

모두가 수천 번의 사업 설명을 듣거나 HVAC 시스템을 수리할 필요는 없다. 그러나 직접 해보는 것이야말로 그 무엇과도 바꿀 수 없는 소중한 경험이다. 그저 책을 읽거나 영상을 보는 것에 그치지 말고, 할 수 있는 한 *직접* 해보길 바란다.

직접 실천하는 법

움직이고 몸 쓰기

집짓기나 동네 정원 가꾸기 등의 자선 단체 자원봉사 활동을 직접 나서보자. 그럴 형편이 안 된다면 집안의 전등 스위치라도 고쳐보면 된다. 이때 작업 방식과 순서, 핵심 기술 등에 주의를 기울이면 된다. 자신에게 익숙한 안전지대를 조금만 벗어나도 평소 만나기 힘든 새로운 통찰을 얻을 수 있다.

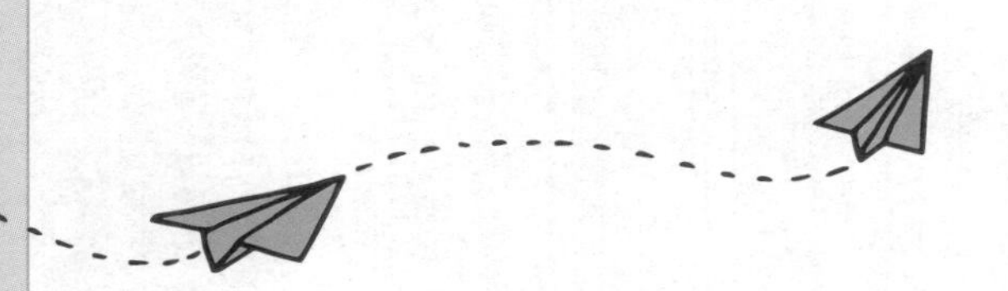

다른 분야 찾아가기

하루 정도 시간을 내서 친구나 가족 중에 한 사람과 지내며 무엇이든 함께하고 도와주자. 내 직업과 전혀 다른 분야에 종사하는 사람을 따라다녀 보면 중요한 교훈과 통찰을 얻을 수 있다. 심지어 아무 일도 하지 않고 그저 가까이에서 지켜보기만 해도 평소와는 전혀 다른 시각을 얻을 수 있다.

Spot Natural Wisdom

10 자연은 변화의 선생님

믹 피어스Mick Pearce는 골프 시합 중 무언가를 관찰하다가 인생이 바뀌었다. 짐바브웨의 건축가였던 피어스는 수도 하라레의 한 사무 빌딩을 건축하던 중 부지 한쪽에서 흰개미 언덕[15]을 발견했다. 그저 지나칠 수 없는 광경이었다. 드물게 폭 30미터, 높이 9미터에 이를 정도로 크게 자라는 흰개미 언덕은 지구상에서 인간이 아닌 생물체가 만든 가장 큰 구조물이다. 흰개미는 이 구조물의 바깥층에 복잡한 구멍을 뚫고 관리해 공기 흐름을 조절하고 1년 내내 기온을 섭씨 30도로 유지한다. 그야말로 자연이 만든 건축물인 셈이다.

이 신비로운 구조물에 감명받은 피어스는 자가 환기 구조를 갖춘 건축물 설계에 이 개념을 적용할 수 있다고 생각했다. 그가 흰개미 언덕에서 영감을 받아 설계한 이스트게이트 센터Eastgate Center[16]는 두 개의 탑 사이를 연결하는 아트리움과 굴뚝을 통해 뜨거운 공기를 밀어내는 덕트 시스템을 갖추고 있다. 다른 건물에 비해 건축비가 10퍼센트가 저렴하면서도 냉난방 시스템이 필요 없는 최초의 '자연 냉방' 건물 설계로 건축상을 받기도 했다.

피어스의 혁신적인 건축 설계는 생체 모방Biomimicry[17]의 대표적인 예다. 자연의 원리를 인간의 필요에 맞게 변형시키는 기술이다. 오늘날 이 혁신적인 철학을 실제로 적용한 사례는 많다. 일본 신칸센 열차의 기관차 모양은 연료 소비량을 줄이기 위해 물총새의 부리를 본떴다. 항공기 제작회사 록히드 마틴Lockheed Martin이 새로 개발한 드론의 로터는 단풍나무 씨앗이 공중에서 회전하면서 떨어지는 모습에서 힌트를 얻었다. 스위스의 한 엔지니어가 하이킹을 마치고 집에 올 때마다 양말에 보풀이 붙어 있는 것을 보고 벨크로를 발명했다는 이야기는 이제 너무나 유명하다. 그러나 자연에서 쓸 만한 통찰을 얻기 위해 모두가 다 엄청나게 창의적인 건축가가 되거나 일생일대의 하이킹을 할 필요는 없다. 우리 가까이에 있는 자연을 조금만 더 자세히 살펴보고 영감을 얻고자 애쓴다면 누구나 일상에서 생체 모방을 실천할 수 있다.

> 자연 속에 숨겨져 있는 지혜를 잘 살펴보면 전혀 예상치 못했던 곳에서 새로운 통찰을 얻을 수 있다.

계절의 변화나 식물의 생애 주기 등 자연 현상을 관찰하다 보면 우리 주변에서 일어나는 변화를 관리하고 대처할 힌트도 얻을 수 있다. 자연은 오래전부터 인간사의 모든 면에 깊은 통찰과 영감을 주는 원천이었다. 예를 들어 포식자의 눈에 띄지 않기 위해 야생동물이 사용하는 위장술은 각종 군사 장비는 물론, 야생에서 몸을 숨겨야 했던 야외 활동가들에게도 힌트를 주었다.

자연계를 주의 깊게 관찰하여 얻은 지혜와 뜻밖의 통찰은 우리가 맞이한 과제를 해결하는 데 큰 도움이 된다. 가장 중요한 점은 우리가 미처 알지 못했을 뿐, 이미 오랫동안 그 자리에 존재해온 단서를 알아차리기까지는 시간이 걸린다는 사실이다.

자연의 지혜를 깨닫는 법

시스템 전체를 보기

자연계에는 예상치 못한 움직임을 보이는 시스템이 가득하다. 예컨대 그늘이 너무 많은 숲이나 사람이 어쩌지 못하는 산불 등은 개별적으로 보면 바람직하지 않은 자연 현상인 것 같다. 그러나 사실은 햇볕이 너무 많이 내리쬐면 식물에 치명적인 피해를 안길 수 있다. 어떤 나무는 산불이 나서 기온이 뜨거워져야만 씨앗이 발아하기도 한다. 이런 모순된 현상을 제대로 이해하려면 시스템 전체를 볼 줄 알아야 한다. 언뜻 어두운 그림자나 산불 같은 부정적이고 해롭게 보이는 것들이 사실은 꼭 필요하고 유익한 일일지도 모른다.

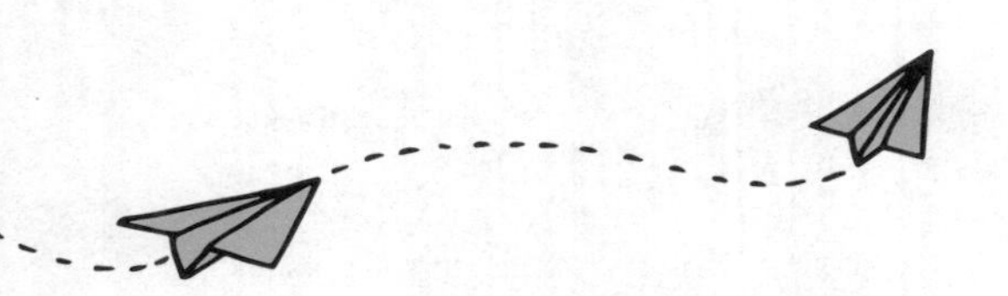

나무껍질을 눈여겨보기

자연의 독특한 특성을 이해하기 위해 큰 그림을 봐야 하는 경우도 있지만, 반대로 아주 미세한 그림을 봐야 할 때도 있다. 우리가 놓치는 것은 숲뿐만 아니라, 자연의 세부 사항도 마찬가지다. 지금부터 야외에 나갈 때마다 미처 눈치채지 못했던 것이 있는지 10가지만 찾아보자. 지금 어떤 식물이 무성하게 자라고, 어떤 식물이 점점 시들고 있을까? 언제나 그 자리에 있었는데도 이제야 알아차린 것은 무엇일까?

Find the Right Room

11 모임에서 횟수보다 중요한 것

1999년, 소수의 과학자와 사상가들이 산타모니카의 한 호텔 방에 모였다[18]. 며칠에 걸쳐 미래를 예측하는 회의였는데 참석자 명단은 공개되지 않았다.

그들은 전설적인 영화감독 스티븐 스필버그Steven Spielberg와 그의 제작진이 곧 촬영에 들어갈 차기작을 위해 모인 것이었다. 영화 속에 담기는 미래를 최대한 현실적으로 표현하기 위해서는 전문가들의 예측이 필요했다. 그들이 주말을 통째로 바쳐가며 내놓은 아이디어는 결국 2001년에 개봉한 영화 〈마이너리티 리포트〉에 반영되었다. 현대 SF의 수작으로 꼽히는 작품이다.

이 영화는 오늘날 빠르게 실현되고 있는 수많은 미래 요소를 최초로 선보였다. 자율주행 자동차, 손동작으로 작동하는 컴퓨터, 극도로 개인화된 표적 광고, 스마트 온도 조절 장치, 생체 인식 입력 시스템 등이 영화에 등장한다. 영화가 그린 미래의 모습은 그야말로 섬뜩할 정도로 정확해서 이 영화가 보여준 대로 세상이 흘러가고 있는 것은 아닌가 하는 사람도 있었다.

스필버그처럼 세계에서 가장 똑똑한 사람들에게 조언을 부탁해 뭔가를 창작할 능력이 우리에게는 없다. 그러나 이 사례에서 더 큰 교훈을 얻을 수 있다. 탁월한 통찰을 얻으려면, 적합한 사람들이 모인 장소에 함께 있어야 한다는 점이다.

지금부터 20여 년 전에 제1회 '뻔하지 않은 만찬' 행사가 열린 것도 바로 혁신적인 아이디어와 모임의 장을 마련하려는 열망이 있었기 때문이다. 그저 피상적인 대화나 주고받는 각종 인맥 모임에 한계를 느끼던 벤은 자신이 원하는 디너 행사를 직접 주최하기로 했다. 뻔하지 않은 아이디어를 서로 이야기할 수 있는 모임 말이다. 2002년 델라웨어의 윌밍턴 클럽Wilmington Club에서 열린 제1회 행사에는 약 100명이 참석했고, 그중에는 대기업 CEO와 전도유망한 벤처기업가, 심지어 델라웨어 주지사까지 있었다. 이 행사에 참석한 모든 이들이 대답해야 할 질문은 단 하나였다. "세상을 바꿀 만한 뻔하지 않은 생각이 무엇인가?"다.

그 질문은 단지 어색한 분위기를 깨기 위한 것만은 아니었다. 자리에 모인 사람들은 함께 머리를 맞대고 가장 뻔하지 않은 아이디어를 찾아보자는 목표를 공유했다. 그날 나온 아이디어 중에는 공립학교 과목에 드론 조종술을 포함해 학생들이 어려서부터 유망 직업 기술을 배울 수 있게 하자는 내용도 있었다. 또 세상이 점점 데이터 중심으로 흘러가다 보면 프라이버시를 보호하기가 점점 더 어려워질 거라는 전망도 나왔다. 그런데 이 말은 이미 전망이 아니라 현실이 되었다.

그동안 이 행사가 매년 거듭되면서 비즈니스, 정치, 학계, 과학 등 분야의 수백 명에 이르는 최고의 인재들이 모여 뻔하지 않은 아이디어를 의논해왔다. 벤을 비롯한 운영팀은 참가자의 다양성을 확보하기 위해 예술가, 의사, 교육자, 비영리 단체 설립자 등과 더불어 고등학교 학생과 대학 졸업생까지 초청했다. 이들이 함께 모인 자리에서는 매년 인상적인 아이디어가 샘솟았다. 이는 오늘날에도 사람들이 직접 만나 새로운 관점의 대화를 나누는 것이 통찰을 얻는 중요한 방법임을 보여준다. 그러기 위해서는 무엇보다 '자리'를 마련하는 것이 중요하다.

적절한 자리를 마련하는 법

아이디어 모임에 참석하기

주위를 둘러보면 흥미로운 아이디어를 주고받는 모임(살롱salon이라고도 한다.)이 꽤 많다. 이런 모임은 지인의 초대로 참석하는 경우가 보통이지만, 각종 지역 모임이나 경제 단체, 산업 협회 등에 나가 인맥을 넓힐 수도 있다. 만약 찾아본 모임에 그리 흥미를 못 느끼거나 참여할 만한 곳이 드물다면, 그건 직접 모임을 열어야 한다는 신호인지도 모른다.

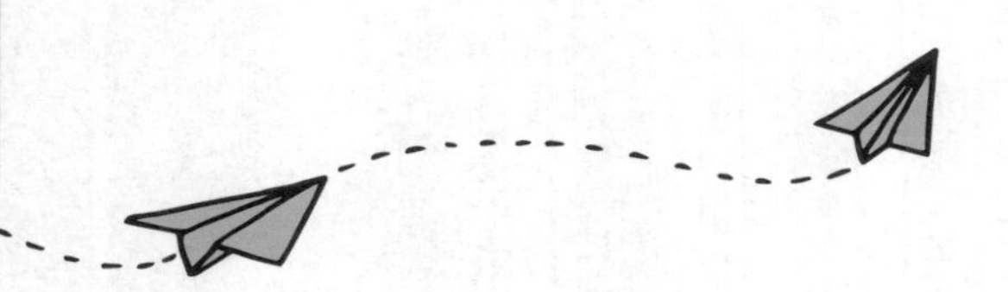

전문성의 범위를 넓히기

세상에는 직무 능력을 개발하고 인맥을 구축할 기회가 너무나 많다. 내가 속한 업계나 익숙한 분야를 벗어나 관심의 범위를 넓혀보면 어떨까? 호기심을 충분히 발휘해보자. 평소 잘 모르는 분야지만 가까운 사람이 열심히 참석 중인 행사에 따라가 보는 것이다. 평소에 관심이 없었더라도 주변에 있던 문을 열기만 하면 적절한 자리가 나타나기도 한다.

Step
Into
Others'
Shoes

잡지는 매체들 중에서도 가장 개인화되어 있다고 할 수 있다. 잡지에 실린 글은 특정 독자층을 정확히 겨냥하고, 그들이 관심을 가질 만한 내용을 보여준다. 여러분이 현재 잡지를 구독하고 있지 않더라도, 과거에 한 번이라도 읽어본 잡지 이름을 몇 개는 말할 수 있을 것이다. 물론 관심이 없는 분야의 잡지라면 절대 집어 들지 않았을 수도 있다. 〈틴 보그Teen Vogue〉 〈모던 파머Modern Farmer〉 〈딜레이드 그레티피케이션Delayed Gratificaiton〉 〈모노클

Monocle〉 〈등대 다이제스트Lighthouse Digest〉 같은 잡지 말이다. 미국에서 발간되는 잡지는 약 7,500종에 이른다. 업계 전문지나 지역 신문, 무역 업계에서 출간되는 리더십 관련지까지 포함하면 평소 전혀 관심을 두지 않았던 분야나 자신이 종사하지 않는 업계의 소식을 접할 기회는 거의 무한대로 펼쳐져 있다.

낯선 잡지나 신문, 카탈로그 등을 읽어보면 한 번도 생각해보지 못했던 주제를 마주칠 수 있다. 그런 잡지에는 지금껏 이름도 들어본 적이 없던 유명인이 등장한다. 광고면에는 그런 제품이 존재하는지도 몰랐거나, 알았어도 살 필요가 없던 물건으로 가득하다. 이런 잡지를 곰곰이 읽다 보면 다른 분야의 사람들이 어떤 일에 관심이 있고 동기를 부여받는지 깨닫게 된다.

> 잡지를 보거나 체험 도구를 사용하면 다른 분야 사람들의 관심사를 엿보는 독특한 경험을 할 수 있다.

인쇄 매체뿐 아니라 디지털 미디어도 다른 분야를 이해하고 체험하는 훌륭한 도구가 된다. 특히 가상 현실은 다른 사람의 관점을 생생하게 체험할 수 있다는 독특한 장점 때문에 때로는 '공감 장치[19]'라는 찬사를 받기도 한다. 오늘날의 기술은 가상 현실 헤드셋을 착용하고 수용소 난민이나 독방 수감자의 처지를 체험해볼 수 있는 단계까지 발전했다. 게임 스튜디오 안에서 전신 촉각 의상을 입으면 누군가가 내지른 주먹을 맞거나 어깨에 짊어진 배낭 무게를 느끼는 등의 가상의 신체적 경험도 할 수 있다.

인생을 아무리 오래 살아도 나와 생각과 신념, 생활 방식이 다른 사람을 모두 이해할 수는 없다. 하지만 얼마 안 되는 돈으로 잡지를 사거나, 온라인 레터를 구독하는 것만으로도 다른 생각을 이해하는 데 도움을 받을 수 있다. 아직 흔히 할 수 있는 체험은 아니지만, 가상 체험도 날이 갈수록 더 접근하기가 쉬워지고 있다.

이런 매체를 접해보면 다른 사람의 인생과 환경을 마치 내 것처럼 생생하게 이해하고 공감할 수 있다. 그들에 관한 글을 읽거나 다큐멘터리를 시청하는 것과는 비교조차 되지 않는다. 낯선 분야에 뛰어들어 보면 우리가 평소 품고 있던 가정과 편견, 한계를 뛰어넘어 그동안 놓치고 있던 것이 무엇인지 깨달을 수 있다.

낯선 분야에 뛰어드는 법

관심 없던 주제를 살펴보기

평소 관심이 없던 잡지, 책, 다큐멘터리, TV 시리즈 등을 찾아 보자. 심지어 싫어하는 주제까지 살펴봐야 할지도 모른다. 평소 의류나 패션에 관심이 없었다면 이번 기회에 유명 디자이너의 다큐멘터리를 한번 보는 것이다. 평생 지지해온 정파가 있는가? 큰맘 먹고 반대편 논객이 쓴 책이나 블로그를 읽어 보자. '무관심했던 분야'에 호기심을 발동해보면 전혀 뜻밖의 통찰을 얻을 수 있고, 이것이 결국 뻔하지 않은 생각을 낳게 된다.

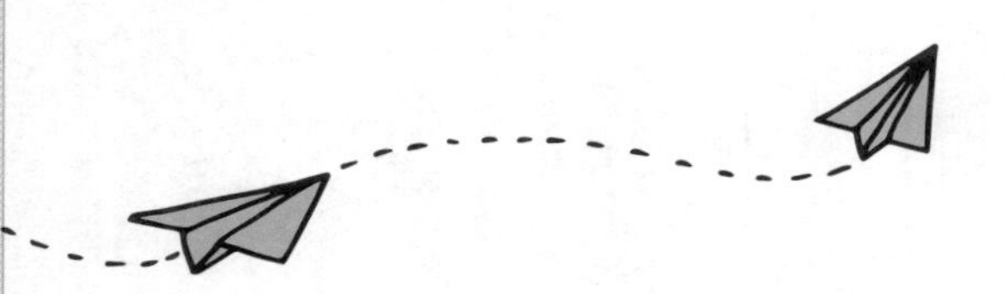

약한 유대 맺기

소셜 미디어는 생각이 비슷한 사람끼리 서로 공감하는 관점을 드러내는 데 유용한 도구다. 낯선 사람을 새로 만날 때는 내 지인 중에 얼마나 많은 사람과 아는 사이인가를 기준으로 검증하게 된다. 그런데 약한 유대[20]를 많이 맺어보면 어떨까? 기존에 내가 알던 사람들과 별로 관계가 없는 사람을 만나는 것이다. 사실은 그런 사람들이야말로 나의 인맥과 사고의 폭을 넓혀줄 가능성이 더 크다. 그들은 내가 이미 알던 친구나 동료와 다른 부류의 사람, 즉 내 인생에 '새로' 등장한 사람이기 때문이다.

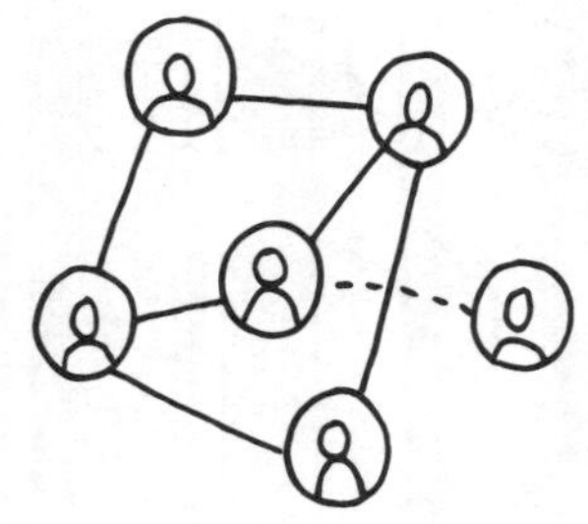

초집중
모드

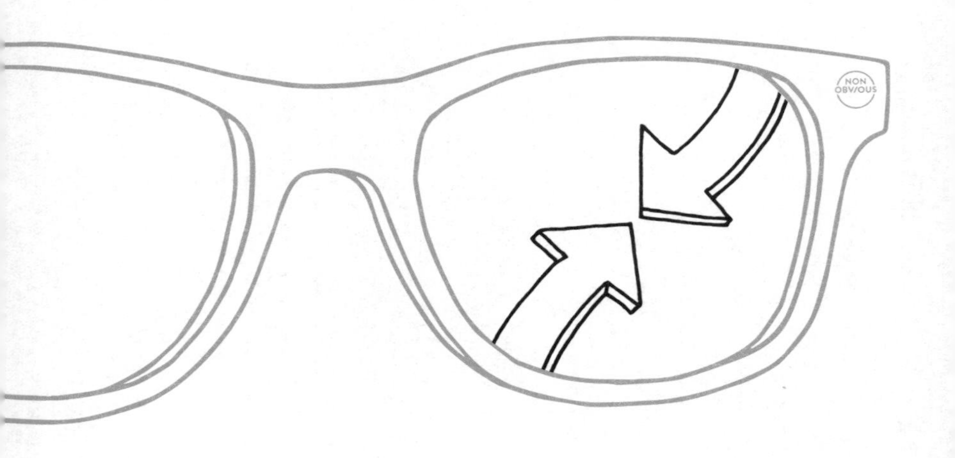

튀르키예 아나톨리아 지방 남부의 농가들은 매년 5월이 되면 아침마다 피어나는 연한 장미 꽃잎을 따는 것으로 하루를 시작한다. 이 꽃잎을 쪄서 증류한 것이 바로 세계적으로 유명한 다마스쿠스 장미[21] 기름이다. 이 기름 한 방울을 짜내기 위해 무려 1만 송이가 넘는 꽃이 필요하다. 무게로 따지면 금보다 더 귀한 물건이다. 이렇듯 엄청난

시간과 원료가 합쳐져야 비로소 세계적인 명품이 되는 것이다.

아일랜드에는 250년 역사를 자랑하는 워터포드 크리스털 Waterford Crystal 공장이 있다. 이 분야의 명인을 꿈꾸는 사람이라면 반드시 거쳐야 하는 수련생 과정[22]을 운영하는 것으로 유명하다. 수련생들이 8년에 걸쳐 유리 조각을 하나하나 다듬는 법까지 터득하고 나면 이 회사의 고급 크리스털 그릇과 꽃병, 유리잔 등을 만들 수 있다. 이 공장의 명인들은 튀르키예 농가가 독특한 증류법을 사용하듯이 수많은 원료를 수집하고 작업에 집중해 아름답고 정교하면서도 매우 독특한 제품을 만들어낸다.

SIFT 체계의 세 번째 단계인 초집중 모드에도 이런 증류 작용이 포함된다. 우리는 이 단계를 설명할 때 미술관에서 자주 들어본 용어인 큐레이션에 빗대곤 한다.

큐레이션의 핵심은 가장 중요한 것을 가려내는 일이다.

미술관 큐레이터는 그저 전시회를 기획하는 것 뿐만 아니라 전시하지 않을 작품을 걸러내는 일까지 해야 한다. 그들은 보관해둘 작품, 전시 주제와 맞지 않아 아예 다른 곳으로 보내거나 복원할 작품 등을 끊임없이 골라야 한다.

우리도 생각을 가다듬는 과정에서 미술관 큐레이터와 비슷한 어려움을 겪는다. SIFT 체계의 1, 2단계를 거쳐 왔다면 이미 새로운 아이디어에 필요한 마음의 틈을 마련한 뒤에 몇 가지 통찰도 얻었을 것이다. 그중 어디에 집중해야 할지 몰라 망설일 수도 있지만, 사실 그런 고민은 필요 없다.

SF 작가 아이작 아시모프Isaac Asimov는 이런 상황에서 '신속한 이해자speed understander'가 되어야 한다고 말했다. 다시 말해 신호와 소음을 재빨리 구분할 줄 알아야 한다는 것이다. 3부에서는 가장 중요한 일에 생각을 초집중해서 '신속한 이해자'가 되는 법을 소개한다.

Identify the Real Problem

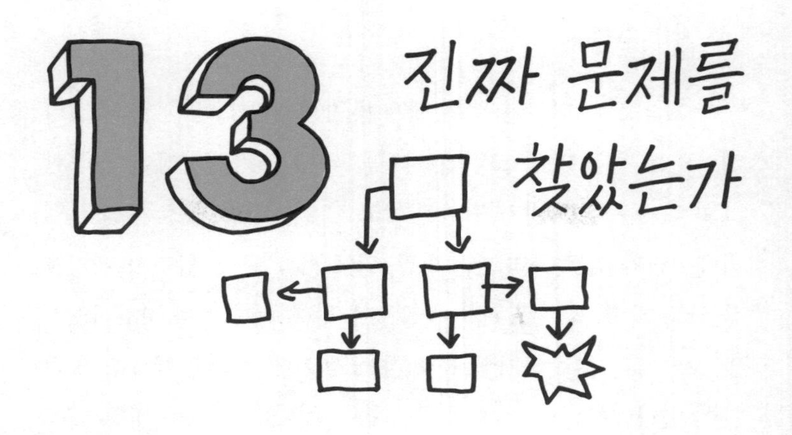

엘리샤 오티스Elisha Otis가 엘리베이터의 발명자는 아니지만, 오늘날 전 세계인이 실내에서 매일 타고 다니는 이 기계와 연관이 있다. 그는 *실제로* 세계 최초의 승객용 엘리베이터를 만들었을 뿐 아니라 세계 박람회에서 극적으로 선보이기까지 했다. 그의 발명품이 나오기 전에도 엘리베이터는 사용되고 있었지만 사람을 실어 나른 적은 없었다. 케이블이 끊어지기라도 하면 생명을 잃을 수 있다는 생각에 다들 엘리베이터를 타기를 두려워하고 있었다.

오티스는 1853년 뉴욕 세계 박람회에 개방형 구조의 엘리베이터를 출품했다. 그런데 시연을 위해 엘리베이터에 올라탄 그의 뒤에는 한 남자가 도끼를 들고 서 있었다. 오티스를 실은 엘리베이터가 위로 올라가던 순간, 뒤에 서 있던 그 남자가 케이블을 싹둑 잘랐다. 모든 관객이 공포에 질려 숨이 멎을 지경이었지만, 오티스는 추락하지 않았다. 미리 설치해둔 안전 제동장치 덕분에 엘리베이터와 함께 공중에 멈춘 것이다. 이것이 바로 세계 최초의 엘리베이터 시연이었다.

드러나지 않은 진짜 문제에 몰두하면 뻔하지 않은 생각이 탄생한다.

오티스가 몸소 보여준 후 안전 제동장치는 곧바로 필수품으로 자리 잡았다. 엘리베이터는 경제학자 팀 하포드Tim Harford의 말대로 "현대 경제를 뒷받침하는 50대 발명품[23]" 중 하나가 된 것이다. 엘리베이터는 건축의 새 시대를 열었고, 그 결과 하늘을 찌르는 마천루가 등장하고 도시 인구 밀도가 증가했다.

현대의 기업가 정신은 해결책보다는 '문제' 자체에 더 집중하는 태도를 좌우명으로 삼고 있다. 그러나 진짜 문제는 눈에 쉽게 띄지 않는 경우가 많다. 엘리베이터를 보자면, 올라타는 일자체가 위험하다는 걸 알 수 있다. 그리고 오티스가 안전 제동장치라는 혁신을 통해 이 문제를 해결한 것도 사실이다. 그러나 진짜 문제는 원래 엘리베이터를 두려워하던 사람들에게 그의 발명품이 생명을 맡겨도 될 정도로 안전하다고 설득하는 것이었다. 그는 세계 박람회장에서 인상적인 시범을 보여주며 '진짜 문제'를 해결했다.

문제를 해결하는 사고방식은 의료 분야에서도 찾아볼 수 있다. 오늘날 통증 관리 의사들은 약을 처방해 통증부터 다스리기보다 의학적인 원인을 해결하는 데 더 노력을 기울인다. 앞서가는 의사들은 통증이란 인체가 보내는 신호임을 이미 알고 있기 때문에, 환자들의 통증 정도에 귀를 기울인다. 이런 신호를 무시하고 통증 완화에만 매달린다면 만성 통증을 근본적으로 해결하지 못하고 환자를 진통제 중독으로 내몰 위험이 있다.

어려운 일에는 항상 표면적인 문제와 근본적인 문제가 섞여 있다. 겉으로 드러나지 않은 문제를 더 깊이 파고들어 찾아내는 법은 주로 컨설팅에서 필요한 기술이다. 유능한 컨설턴트는 현명한 질문을 던지고 그 대답을 통해 얻은 지식으로 진짜 문제를 간파한 후, 거기에 집중한다. 지금부터 그와 관련된 기술을 몇 가지 살펴보자.

진짜 문제를 찾는 법

불만의 원인을 살피기

불만을 품을 때가 바로 영감을 얻을 기회다. 불만의 근본 원인을 파악하면 어느 방향을 집중적으로 파고들어야 할지 보인다. 오늘날 누구나 알만한 대기업도 처음에는 이런 방식으로 시작한 경우가 허다하다. 리드 헤이스팅스Reed Hastings는 비디오 대여점 블록버스터에서 빌린 비디오테이프를 늦게 반납하다가 연체 수수료를 40달러[24]나 물게 된 일에 불만을 품고 결국 넷플릭스Netflix를 창업한 것으로 잘 알려져 있다. 현재 상태를 그저 불평만 할 것이 아니라 영감을 얻는 쪽으로 생각을 바꾸면 집중력이 생기고, 결국 비범한 사고가 탄생한다.

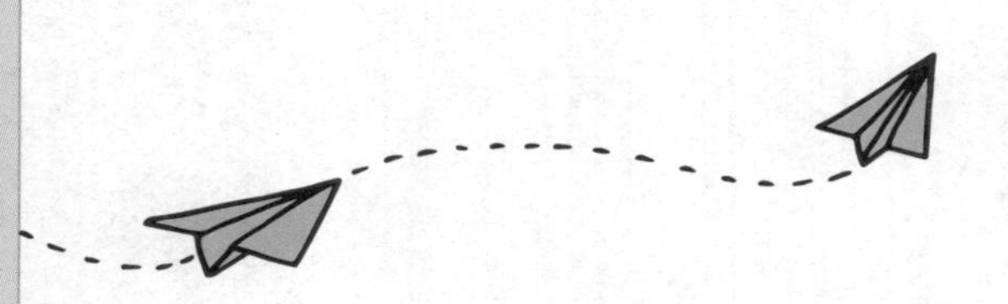

'왜'라고 다섯 번 묻기

진짜 문제를 찾기 위해 생각을 집중해야 할 때는 '왜[25]?'라고 다섯 번을 물어보자. '왜'라는 질문을 던지고 그 해답에 대해 다시 '왜'라고 묻기를 다섯 번 반복하는 것이다. 도요타Toyota의 창업주 도요타 사키치가 시작한 것으로 알려진 이 사고 모델은 근본적인 진짜 문제를 신속하게 찾아내고 집중력을 발휘하는 데 도움이 된다.

Discover the Water

외계 생명체를 찾는 노력은 인류의 오랜 역사에 비하면 아주 최근에 시작된 일이다. 수천 년 전의 우리 조상도 하늘의 별을 탐구했지만, 태양계에 관한 지식은 거의 없었을 것이다. 우주에 대한 이해도가 높아진 오늘날에는 과학계 외에도 많은 사람이 지구 밖에 생명체가 존재한다고 생각하게 되었다.

외계 생명체 탐사가 시작된 결정적인 계기는 지금부터 50여 년 전에 처음 등장한 골디락스 구역Goldilocks Zone[26]이라는 용어였다. 이 용어는 은하계의 모든 항성에는 물을 액체 상태로 유지하기 위해 너무 뜨겁지도 차갑지도 않은 구역이 반드시 있을 것이라는 이론을 설명하기 위해 만들어졌다. 물이야말로 우리가 아는 모든 생명체가 존재하기 위한 필수 요소이기 때문이다.

다시 말해 외계 생명체가 과연 존재하는지 알기 위해 전 우주를 찾아 헤매기보다는 액체 상태의 물이 존재하는 곳만 찾으면 된다. 그곳에 생명체가 있을 확률이 높으므로 더 효율적일 수 있다. 물이 있는 곳을 찾아내면 그곳에 외계인도 있다는 말이다. 천문학자들이 생명체의 공통 요소로 물을 지목한 것처럼, 우리도 통찰과 아이디어에 관련된 주제나 패턴을 찾은 다음 그것들이 맞물리는 지점을 살펴보면 된다.

> 여러 아이디어의 공통점을 정확히 짚어내면
> 큰 그림을 볼 수 있다.

로히트가 〈뻔하지 않은 트렌드〉 시리즈의 마지막 편인 《메가트렌드》를 쓸 때도 바로 이런 방식을 취했다. 이 책을 쓰기 위해 지난 10년에 걸쳐 소개한 125개가 넘는 트렌드 중에서 가장 뚜렷한 주제가 무엇인지 파악했다. 우선 2011년에 소개했던 '소셜 미디어를 통해 유명인의 영향력이 더욱 커진다'는 트렌드가 있었다. 그 이후 몇 년에 걸쳐서는 기업이 자사 직원을 영웅으로 내세우고, 명품 브랜드가 대중에게 더 다가가려고 노력하며, 다소 뒤떨어지는 제품이 그 부족함을 주목받아 소비자의 사랑을 받는 등 인간적인 경험이 기업 혁신의 원동력이 되는 현상이 눈에 띄었다.

이 모든 트렌드에는 '인간적인 방식'이라는 공통점이 보인다. 날이 갈수록 디지털화되고 있는 오늘날, 사람들은 물리적이고 진실한 것 또는 불완전한 경험에 더욱 공감하고 또 경험하고자 한다. 이런 트렌드 분석법이나 외계에서 물을 찾는 노력은 수많은 아이디어 속에서 전체적인 의미를 파악하려면 반드시 공통점을 찾아야 한다는 걸 알려준다. 여러 가지 통찰들 사이에서 공통점을 찾아내 진짜 중요한 것에 집중해보자. 그것이 바로 나만의 물을 찾는 방법이다.

물을 찾는 법

유사성에 주목하기

다른 문화권의 사람을 대할 때는 공통의 경험과 가치, 관심사 등을 찾아야 공감대를 형성할 수 있다. 서로의 차이점에 주의를 뺏겨 관계를 단절하지 않고 큰 범위의 유사성을 찾아내 공감의 첫걸음을 내디뎌야 한다. 공감을 돕는 인류 보편의 언어가 있다면 무엇일까? 바로 음악이다. 지구상의 모든 문화권은 드럼을 비롯한 타악기로 박자를 표현한다. 이보다 더 좋은 비유가 없다. 음악적 전문 지식이 없어도 누구나 박자는 이해한다. 그냥 듣기만 하면 되니까 말이다.

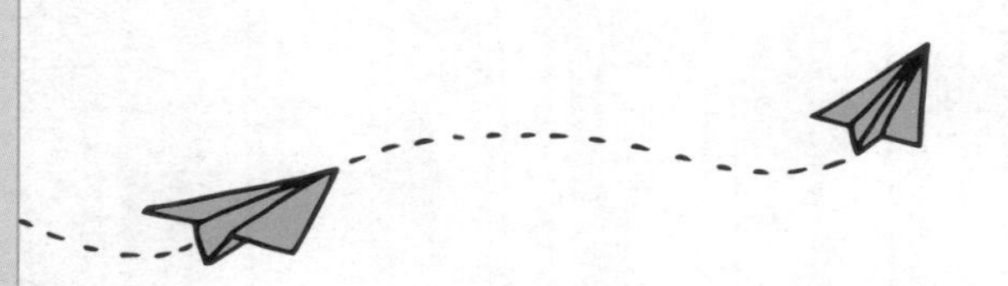

직접 만져보기

무엇이든 손으로 만져보면 여러 아이디어의 공통점을 찾는 데 도움이 된다. 화이트보드나 디지털 기기를 활용해도 좋지만, 잡지에서 기사와 광고를 잔뜩 찢어서 테이블 위에 한눈에 보이게 펼쳐놓는 방법도 있다. 오늘날에는 누구나 디지털 콘텐츠에 너무 익숙하기 때문에 이렇게 직접 손으로 만져보는 것이 더 색다르고 의미 있게 느껴질 것이다.

Be a Satisficer

20여 년 전에 출간된 이후 사회과학과 마케팅 분야에 가장 큰 영향력을 발휘한 책이 있다. 이 책은 출간되자마자 소비에 관해 우리가 당연하게 여기고 있던 개념, 즉 선택의 폭은 넓을수록 좋다는 생각에 정면으로 맞섰다.

배리 슈워츠Barry Schwartz는 저서 《선택의 패러독스》에서 선택지가 너무 많으면 오히려 행복도가 *떨어지고* 걱정이 커진다는 주장으로 비즈니스계를 발칵 뒤집어 놓았다. 이 책은 구매를 결정하는 시간이 길어질수록 후회할 가능성이 커진다고 말한다. 어떻게 보면 이 책은 오늘날 FOMO fear of missiong out, 좋은 기회를 놓칠까 봐 조바심 내는 태도라는 말이 단어사전에 올라갈 것을 이미 예언했다고도 할 수 있다. 이 책의 요점은 사람은 상황에 따라 최고를 추구하는 사람 maximizer 이나 만족하는 사람 satisficer 중에 어느 쪽이든 될 수 있다는 내용[27]이다. '오직 최고만 추구하고 인정하는' 사람들은 오랜 시간을 써가며 내가 살 물건이 과연 가장 좋은 것인지 꼼꼼히 살피고 판단한다. 역설적으로 그들은 자신이 내린 결정에 아주 큰 후회도 한다. 또한 자신이 내린 결정이나 결과물이 객관적으로는 분명히 좋더라도 거기에 만족하지 않고 다른 쪽을 선택했더라면 어땠을까 고민한다.

> 더 나은 대안에 매달리기보다 "이 정도면 충분하다"라고 만족하고 감사할 줄 알아야 집중력을 발휘할 수 있다.

그에 비해 만족하는 사람은 더 좋은 것을 찾아 헤매지 않고 이 정도면 충분하다고 여긴다. 최고의 선택지를 못 찾은 채 주저앉는 것이 아니냐고 생각할 수도 있지만, 슈워츠의 말에 따르면 만족하는 사람도 최고를 추구하는 사람들 못지않게 안목 있는 사람이다. 만족할 줄 아는 것이야말로 "숨 막힐 정도로 많은 선택지에 휘둘리지 않는" 비결이다.

소파에 앉아 어떤 TV 프로그램을 볼지 정하는 것부터, 슈퍼마켓에서 무려 20여 가지가 넘는 파스타 소스 중 하나를 고르는 일까지, 우리는 어디를 가든 선택지가 너무 많아 머리가 아플 지경이다. 그러나 만약 우리가 만족하는 사고방식을 받아들인다면 어디에 집중할지 결정하는 일이 훨씬 쉬워진다. 그것은 더 좋은 선택지를 찾으려고 애쓰지 않고 이미 내린 결정에 전념하는 것이다. 만족한 사람은 다른 대안에 연연하지 않는다. 대신 이미 선택한 결정에 전력을 다한다. 그리고 그 일을 해낸다. 이런 태도는 우유부단함을 극복하는 것은 물론, 후회 없이 그 일에 전념해서 완벽히 이해하고 발전시키는 결과를 낳는다. 어쩌면 다른 사람들이 놓친 뭔가를 발견할지도 모른다.

만족하는 사람이 되는 법

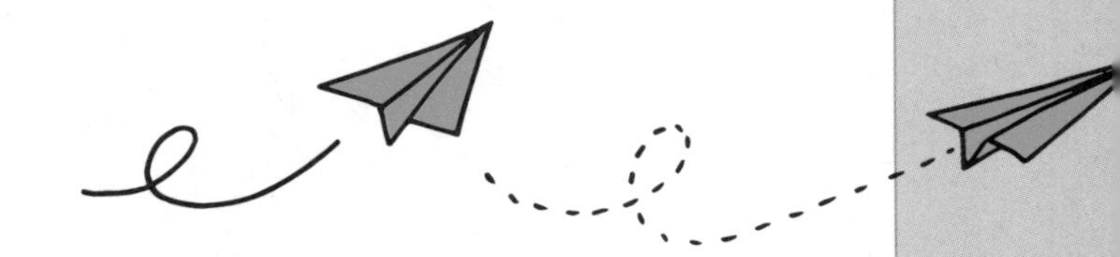

기준을 세우기

여러분은 어떤 기준으로 선택하는가? 물론 선택의 대상에 따라 다르겠지만 과학적 연구 결과에 따르면 먼저 몇 가지 기준을 염두에 두는 것이 중요하다. 슈워츠는 무턱대고 고르지 말고 선택지를 스스로 곰곰이 생각해보는 태도를 기르라고 권한다. 기준이 없으면 너무 많은 선택지에 압도당한다. 적극적으로 선택하는 사람은 가장 중요한 요소에 집중한다. 물론 필요할 때는 대안을 검토할 수도 있지만, 한번 결정한 후에는 후회 없이 앞으로 펼쳐질 일에만 집중한다. 나만의 기준에 따라 적극적으로 선택하자.

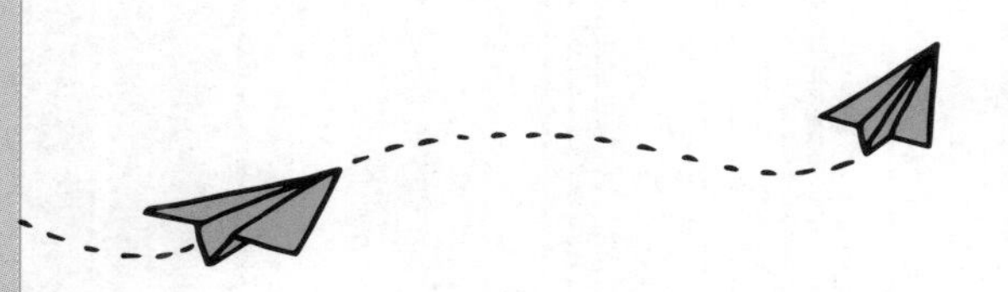

믿을 만한 사람 찾기

선택지가 너무나 많아 도저히 결정할 수 없을 때는 그 분야에서 가장 믿을 만한 사람을 찾아 조언을 구하는 수밖에 없다. 최적의 전문가를 찾자. 가장 믿을 만한 사람이 누구인지 시간을 들여 조사해보자. 그들의 생각을 듣고 조언을 참고해보자. 변수가 너무 많아 도저히 선택하기 힘든 상황에서는 이런 방법으로 집중할 분야를 좁힐 수 있다.

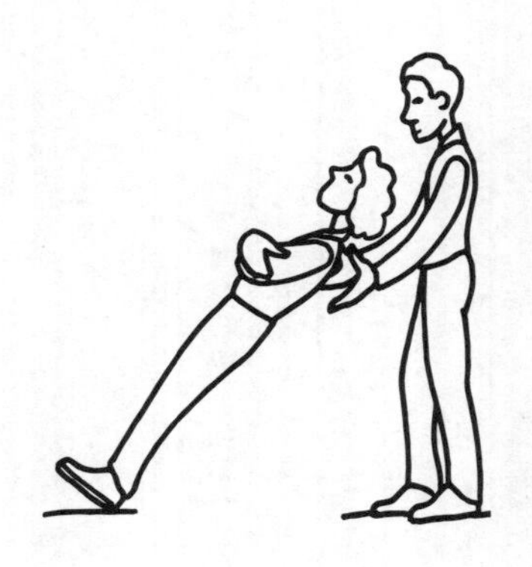

See
the
Other
Side

16 오리인가, 토끼인가?

그림이 무엇으로 보이는가? 오리인가, 토끼인가? 만들어진 지 100년이 지난 이 착시 그림[28]은 오랫동안 인간의 뇌를 이해하는 연구에 사용되었다. 어떤 연구진은 이 그림에서 처음 보이는 동물이 좌뇌와 우뇌 중 어느 쪽이 우세한지를 말해준다는 이론을 제시했다. 오리와 토끼 중 한쪽을 먼저 본 다음 다른 동물이 보이기까지의 속도가 두뇌의 유연성을 나타낸다고 주장하는 연구자도 있었다. 나아가 처음 보이는 동물이 계절의 영향을 받을

지도 모른다는 가설을 세운 연구진도 있었다. 그들의 연구에 따르면 부활절Easter에 가까울수록 토끼가 먼저 보이는 사람이 더 많았고[29] 멀어질수록 오리가 먼저 보이는 사람이 압도적으로 많았다고 한다.

사물을 보는 방법은 하나가 아니다. 관점을 바꾸면 보이는 게 달라진다.

한 세기가 넘도록 다양한 연구가 있었지만, 분명한 사실은 토끼와 오리, 둘 다 정답이라는 것이다. 사람들의 관점이 저마다 극단적으로 치우친 오늘날, 이런 결론은 그 누구도 받아들이기 힘들지도 모른다. 사람들은 진실이 무엇인지는 모르면서도 자신이 옳고 남은 틀렸다는 것만큼은 확신하는 것 같다. 혹시 모순된 두 개념을 똑같이 존중할 줄 아는 것이야말로 진짜 진실인 것은 아닐까? 우리 뇌가 어떻게 이런 착시 현상을 일으키는지는 아직 과학적으로 뚜렷하게 밝혀지지 않았지만, 한 가지 분명한 사실이 있다. 모든 사물은 처음 인식한 것과 전혀 다른 모습으로 볼 수 있다는 것이다.

1990년대에 《매직아이Magic Eye》 북 시리즈[30]가 유행했던 적이 있다. 이 책에 등장하는 입체 도형Stereo Gram은 2차원 무늬 속에 3차원 이미지가 숨어있는 그림이었다. 숨은 그림을 보기 위해서는 책의 페이지를 있는 그대로가 아니라 눈의 초점을 바꿔가며 꿰뚫어봐야만 했다. 물론 지금은 매직아이 이미지의 인기가 예전만 못하지만, 그 교훈은 여전히 살아있다. 그것은 바로 어떤 사물이든 보는 관점만 바꾸면 전혀 다른 모습이 눈에 띈다는 것이다.

중요한 점은 착시 그림의 어느 쪽이 먼저 눈에 띄느냐, 혹은 매직아이에서 숨은 그림을 얼마나 빨리 찾아내느냐가 아니라, 과연 그것이 내 눈에 보이는가 하는 것이다. 다들 뭔가를 보는 척하나 사실은 아무것도 없다고 여기는 사람도 물론 있다. 우리는 그런 사람의 관점도 이해해야 한다.

관점을 바꾸는 법

진실은 하나만이 아니다

모든 사물을 참과 거짓으로만 보게 하는 유혹이 끊임없는 이 세상에서, 그 중간이 있다는 것만 알아도 마음이 한결 가벼워진다. 오리와 토끼가 바로 대표적인 예다. 오리너구리는 포유류와 파충류의 특성을 한 몸에 지닌 동물이다. 우리는 유리잔이 반쯤 찼다고 볼 수도, 반쯤 비어 있다고 볼 수도 있다. 서로 양립할 수 없을 것 같은 사물들이 동시에 참일 수 있다는 생각은 쉽게 받아들이기 어려운 것이 사실이다. 그러나 자세히 살펴보면 세상에는 이런 경우가 생각보다 훨씬 더 많다.

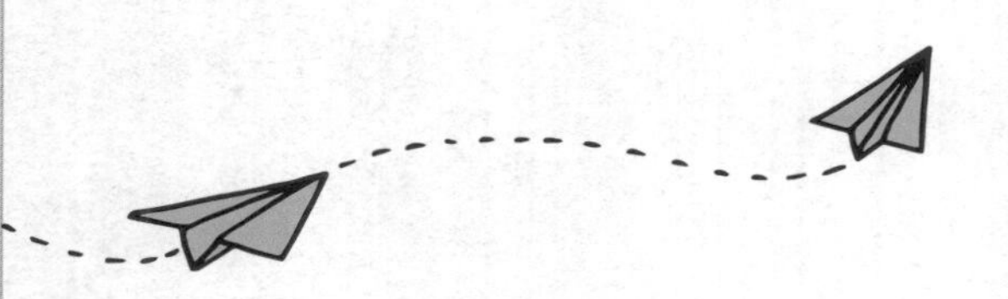

맥락을 이해하기

누군가가 나에게 무례하게 행동해서 화가 났다고 상상해보자. 그럴 때는 이렇게 생각해보면 어떨까? *혹시 그가 그럴 수밖에 없었던 타당한 이유가 있었을지도 모른다고.* 예를 들어 운전 중에 다른 차가 내 앞으로 끼어들 때, 그 차는 혹시 응급 환자를 싣고 병원으로 달려가는 중인지도 모른다. 심리학자들은 이렇게 생각하면 어떤 상황에서나 상대방을 배려하고 나에게 잘못을 저지른 사람에게조차 이해와 친절을 베풀며 살 수 있다고 말한다.

Add Constraints

17 제약이 선택의 수고를 덜어준다

무명 의사였던 그가 매디슨가를 걷고 있을 때였다. 가까운 사람들에게 테드Tad라는 이름으로 불렸던 그는 정식으로 의대를 다닌 적이 없었지만 자기 이름에 닥터를 붙이고 다녔다. 그는 작가를 꿈꾸고 있었지만, 출판사로부터 무려 27번이나 퇴짜를 맞고 낙담했었다.

1937년 어느 날, 테드는 길을 걷다가 우연히 친구를 만나 기회를 얻었다. 친구는 마침 뱅가드프레스Vanguard Press라는 출판사에서 일하고 있었고 테드는 친구의 도움으로 첫 번째 책《멀버리스트리트에서 본 것을 생각하다And to Think That I Saw It on Mulberry Street》를 출간할 수 있었다. 이 동화책은 출간되자마자 인기를 끌었고, 테드도 작가로서 명성을 얻었다. 그가 바로 오늘날 닥터 수스Dr. Seuss라고 불리는 유명 작가다.

그로부터 10년 후, 당시 닥터 수스의 책을 편집하던 윌리엄 스폴딩William Spaulding이 한 가지 아이디어를 떠올렸다. 1950년대에는 출판사들이 어린이들에게 책을 읽힐 방법을 고민하느라 골머리를 앓고 있었다. 아이들이 텔레비전을 보느라 책을 멀리했기 때문이다. 스폴딩은 닥터 수스에게 "1학년생들이 한번 펼치면 다 읽을 수 있는 동화책"[31]을 써보라고 했다. 책에 쓸 단어를 348개로 정해놓고 최대 225개를 넘기지 말라는 것이었다. 닥터 수스는 결국 236개의 단어를 사용해《모자 쓴 고양이The Cat in the Hat》를 썼다.

몇 년 후에는 다른 친구가 고유 단어 단 50개로 동화책을 써보라고 닥터 수스에게 제안했다. 이번에도 그 제안을 수락한 닥터 수스는《초록색 달걀과 햄Green Eggs and Ham》을 써냈고, 그의 저서 중에서도 최고의 베스트셀러가 되었다.

제약이 생기면 적은 자원으로 큰 성과를 내기 위해 창의력이 발휘된다.

역사 속 오래된 창작물 중에는 이런 제약 덕분에 탄생한 것들이 많다. 유명 화가 앙리 마티스Henri Matisse는 침대와 휠체어에 갇힌 채 인생의 후반부를 맞이했다. 그는 더 이상 서서 그릴 수 없게 되었을 때 '종이 오리기'라는 새로운 미술 장르를 만들었다. 그의 가장 유명한 작품도 이런 방식으로 창작되었다. 그는 이 기법을 "가위로 그린 그림[32]"이라고 했다.

1980년대 중반, 닌텐도Nintendo 게임 음악을 만든 것으로 유명한 작곡가 곤도 고지는 슈퍼마리오 브라더스 게임의 오리지널 사운드트랙을 개발했다. 그는 데이터 저장 용량을 최소화하라는 조건을 지키기 위해 다섯 가지 음정만 사용하되 이를 각각 다른 패턴으로 다양하게 변주해서 게이머들이 지루해하지 않을 곡을 만들었다. 이 음악은 역대 최고의 비디오 게임 사운드트랙[33]이 되었다.

예술가들이 이런 제약을 만날 때마다 오히려 더 훌륭한 아이디어를 떠올리는 이유는, 사람은 조건이 붙고 선택의 폭이 좁아질수록 오히려 더 다양하고 창의적인 해결책을 내놓기 때문이다. 이는 과학적으로 입증된 사실이기도 하다.

아이디어를 떠올리고 집중할 대상을 고를 때는 스스로 제약을 걸어보자. 예를 들어 특정 산업에만 관련되거나 48시간 이내에 달성할 수 있는 것으로만 아이디어를 제한하면 어떨까? 한정된 자원으로 혁신을 이룩해야 하는 조건일수록 더욱 새롭고 흥미진진한 사고에 집중할 수 있다.

제약을 거는 법

빼기의 기술

작가 앙투안 드 생텍쥐페리Antoine de Saint Exupery는 "디자이너는 더 이상 더할 것이 없을 때가 아니라 뺄 것이 없을 때가 완벽한 상태임을 잘 안다"고 말한 것으로 유명하다. 우리도 그의 말을 따를 수 있다. 아이디어를 떠올릴 시간을 정한다거나 최소한의 인원만 의사 결정에 참여하는 식으로 말이다. 또, 사용할 수 있는(또는 사용하지 않을) 기술이나 예산을 제약할 수도 있다. 의도적인 뺄셈식 사고를 통해 고도의 집중력을 발휘하라는 것이다.

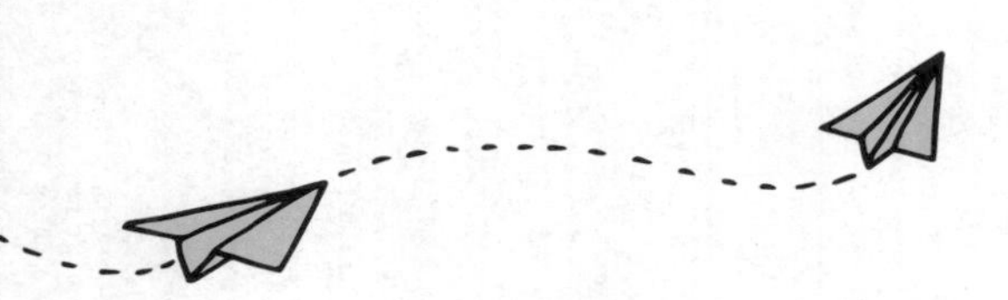

간결함의 기술

초창기 X(구 트위터)는 게시글당 글자 수를 140자로 제한했다. 사용자는 글을 올리기 전 먼저 생각을 다듬었고, 새로운 의사소통 방법도 생겨났다. 글자 수 제한 외에는 별다른 규칙이 없었음에도 사용자들이 가장 중요한 내용에만 집중해 간결하게 말하기 시작한 것이다. 우리도 이런 방식을 적용할 수 있다. 이메일에서 계약서에 이르는 모든 의사소통에 가능한 한 간결하고 쉬운 언어[34]를 사용해보자.

Use Augmented Creativity

18 AI로 창의성 강화하기

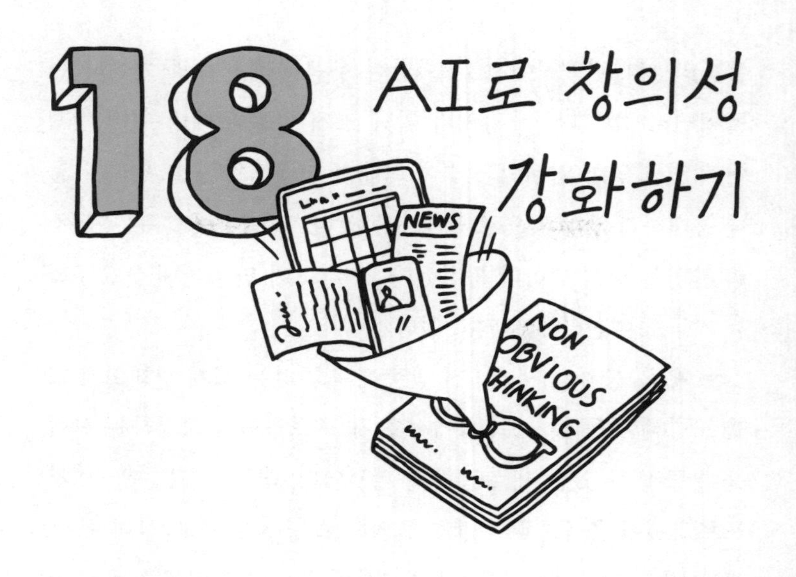

찰리 더글러스Charley Douglass는 바퀴 달린 미니 냉장고 크기의 물건을 철저히 비밀로 숨기고 있었다.

1950~1960년대에 거의 모든 할리우드 TV 방송국은 더글러스를 웃음의 대가로 여겼다. 그가 발명한 '웃음 상자Laff Box[35]'는 타자기와 소형 휴대용 피아노에 금속 줄을 매달아 놓은 형태였다. 이 기계는 놀란 듯한 미소와 박장대소, 심지어 다른 이들의 웃음소리가 잦아든 후에도 여운처럼 이어지는 한 사람의 웃

음소리까지, 관객석에서 나올 만한 웃음이라면 수백 가지나 만들어낼 수 있었다. 이 장치가 워낙 크게 성공한 데다 원래 경쟁이 치열한 영화 업계의 성격이 더해져 더글러스는 그 원리를 끝내 공개하지 않은 것으로 악명이 높았다. 그 덕분에 그는 웃음소리 사업을 수십 년이나 독점했다. 사실 그가 만들어낸 웃음소리는 지금도 여전히 사용되고 있다.

웃음 상자는 텔레비전 방송에 출연하는 실제 관객의 소리를 모방해 만든 것으로, 집에서 혼자 프로그램을 시청하는 사람들이 즐길 수 있는 새로운 오락 장르였다. 더글러스는 텔레비전 프로그램에 웃음소리를 배경 음악으로 넣어 일종의 '감미료' 효과를 냈다. 당시 TV 평론가들은 "사람들이 이 소리에 맞춰 따라 웃었다"고 했다. 시청자가 농담에 집중하게 함으로써 원래 재미있던 프로그램에 재미 요소를 하나 더한 셈이었다.

이런 인공 웃음소리는 창의성 강화 도구, 즉 사람이나 제품의 창의성에 집중하고 효과를 한층 높이는 데 사용되는 한 방법이다. '감미료'는 창의성 강화 도구가 어떤 역할을 하는지 설명하기에 더할 나위 없는 표현이다. 마치 맛있게 끓인 차 한 잔에 설탕을 넣는 것과 같다.

오늘날에는 생성형 인공지능 도구 젠 AI 사용해 창의성 강화를 다양한 방법으로 자동화할 수 있다. AI 필터를 사용하면 녹음 품질을 개선하는 것은 물론, 손상되거나 잘라낸 사진에도 빠진 부분을 채워넣을 수 있다. 심지어 AI 도구를 사용하면 텍스트를 생성하거나 자신이 쓴 글을 더욱 유려하게 다듬어 더 명확하고 짧고 창의적인 글을 만들 수 있다. 젠 AI가 점점 더 우리의 일상과 일터, 새로운 업무 현장에서 큰 비중을 차지하고 있다. 그것을 어떻게 생산적이고 윤리적으로 활용하느냐가 앞으로의 중요한 문제다. 그 과제를 달성할 수만 있다면 우리는 생산성과 창의성, 그리고 수많은 성과를 발휘할 초능력을 얻게 될 것이다.

창의력을 강화할 협력 파트너를 찾는 일은 집중력 발휘에 도움이 된다.

웃음 상자를 비롯한 도구는 창의적인 사고에 도움이 된다. 그 도구들의 우리의 노력을 대신 해주지는 않지만 협력 파트너가 될 수는 있다. 요즘에는 특히 AI 기술의 도움을 받아 창의력을 증강할 수 있다. 중요한 것은 인간이든 기술이든 창의적인 협력 파트너를 찾음으로써 생각에 더욱 집중할 수 있다는 것이다.

창의력 강화 도구 사용법

적극적인 비판 유도

이 책에 포함된 내용 중에도 젠 AI를 적극적으로 활용한 내용이 있다. 우리는 각 장을 젠 AI 도구에 입력한 다음 신랄한 비판과 함께 별점 1점에 해당하는 부정적 리뷰를 작성하도록 유도했다. 그리고 각 장을 다양한 관점에서 읽고 요약해달라고 명령했다. 예컨대 19세 대학생이나 스타트업 창업자, 마케팅 책임자 등의 관점에서 말이다. 그 리뷰를 통해 스토리를 더욱 개선할 수 있었다. 이 방식을 사용하면 주문형 피드백을 신속하게 받을 수 있으므로 더욱 뻔하지 않은 아이디어를 얻을 수 있다.

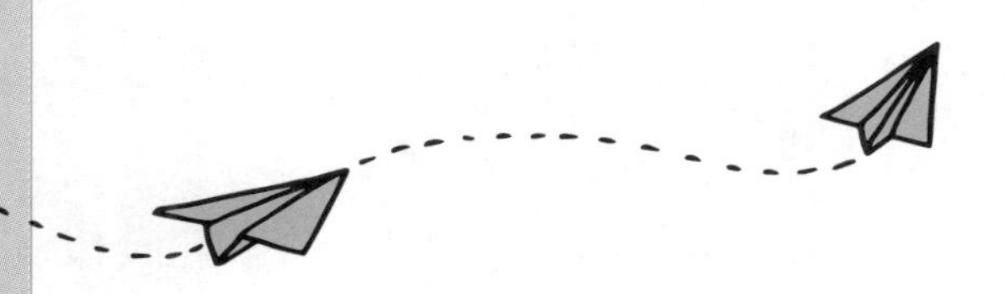

더욱 협력하기

이 책은 초기 아이디어에 살을 덧붙이고, 피드백을 제공하고 교훈과 통찰을 다듬어준 많은 사람들의 도움이 없었다면 세상에 나올 수 없었을 것이다. 이런 협력은 여러 행사와 대화, 인터뷰, 그리고 이 책을 쓰면서 참고한 여러 출처와 초창기 독자 모임 등을 통해 이루어졌다. 집중력이 부족하다고 느낄 때나 핵심이 무엇인지 잘 모를 때는 외부의 시각에 귀 기울이는 것이야말로 집중력 향상의 열쇠가 될 수 있다.

마법의 비둘기

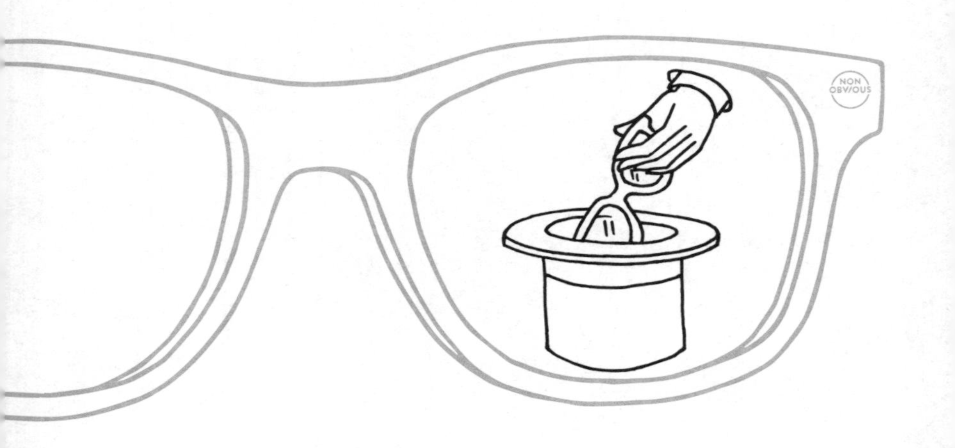

허리케인과 태풍의 유일한 차이점은 발생한 지역이 다르다는 것뿐이다. 둘 다 열대성 사이클론으로, 열대성 저기압이 형성하는 강풍이 해수 위에서 일으키는 원형 폭풍이다.

약 150년 전, 미국의 발명가 존 핀치John M. Finch는 사이클론에서 얻은 영감으로 넓은 공간의 먼지를 끌어모으는 기계를 발명했다. 이 '사이클론 분리기'는 이후 수십 년 동안 제재소를 비롯한 여러 산업의 공장에서 사용되었다.

몇 년 후 또 다른 발명가가 제재소에서 돌아가는 사이클론 분리기를 보고 크기를 줄일 방법을 고민했다.

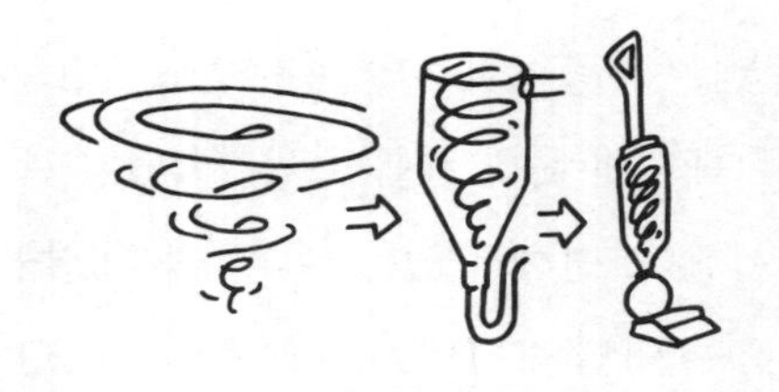

그는 소형 사이클론 분리기가 상업적으로 성공 가능성이 더 클 뿐 아니라 일상의 문제를 해결하는 데도 쓸모있을 거라고 생각했다. 그는 이후 오랜 실험을 거쳐 무려 5,000개가 넘는 시제품에서 실패를 맛본 끝에 결국 모델명 'DA001'을 발명했다. 이 기계는 '이중 사이클론'이라는 특허 기술이 적용된 직립 진공청소기다. D는 그의 성씨인 다이슨에서 딴 글자였다.

이 이야기에서 흥미로운 부분은 이후 헤어드라이어, 히터, 선풍기 등 가전제품 혁신의 원동력이 된 신기술의 발명자가 제임스 다이슨James Dyson이 아니라는 사실이다. 10억 달러 규모의 회사를 세운 그가 이 기술을 발명하지 않았다는 사실이야말로 놀라운 점이다. 사이클론 분리기는 다른 사람이 발명했다. 다이슨이 한 일은 그 기계의 또 다른 잠재력을 보고 소형화한 것[36]이었다. 다시 말해 그는 마법과 같은 비틀기를 실행했다.

반전이란 깊이 있는 생각을 전혀 뜻밖의 방향으로 비트는 것이다.

SIFT 체계의 마지막 단계인 마법의 비틀기는 다른 누구도 해내지 못한 새롭고 독창적인 것을 만들거나 상상하는 것을 말한다. 뻔하지 않은 생각이 구체적이고 현실적인 방향으로 바뀌는 마법의 단계라고 할 수 있다. 4부에서는 독특하고 새로운 방향으로 생각을 밀어붙이고, 심지어 그것을 현실로 바꾸는 방법을 배운다. 상상을 현실로 만드는 순간이자 우리가 가장 좋아하는 단계이기도 하다.

Seek
Flip
Solutions

19 상식이 당신의 우물이다

콜로라도에서 고등학교 교사였던 애런 샘스Aaron Sams와 조너선 버그만Jonathan Bergmann은 수업 시간에 강의를 하지 않겠다는 충격적인 선언을 했다. 그들은 직접 강의하지 않는 대신 스마트폰으로 미리 녹화한 강의 영상을 학생들이 집에서 미리 유튜브로 시청한 후 등교하도록 했다. 인터넷을 사용할 수 없는 학생들에게는 강의 영상이 담긴 USB 드라이브를 제공했다. 컴퓨터마저 없는 학생도 문제없었다. 강의 영상을 DVD에 담아서 나눠줬기 때문에 수업에 뒤처지는 학생은 아무도 없었다.

이 두 교사는 2007년에 이미 혁신적인 교실 모델을 도입했던 얼리 어답터였던 셈이다. 학생들은 집에서 동영상으로 수업을 시청했다. 그런 다음 등교 후 수업 시간에는 질문과 대답, 토론, 실험, 그리고 일대일 지도를 통한 학습 등에 시간을 썼다. 두 교사가 '거꾸로 교실Flipped Classroom[37]' 운동을 창안하지는 않았지만, 그것을 널리 알리는 데는 큰 영향을 끼쳤다. 아마도 이 모델을 급속히 확산시킨 건 칸 아카데미Khan Academy였을 것이다. 이 온라인 학습 플랫폼은 오늘날 수천 개에 이르는 다양한 주제의 동영상을 업로드해서 모든 연령대의 학생들이 기존의 교실 환경을 벗어나서도 학습할 수 있는 기회를 제공했다.

이런 플립 싱킹Flip Thinking, 즉 역발상 사고(규칙을 거꾸로 뒤집어서 문제를 해결하는 것)는 교육 외의 다른 분야에도 적용할 수 있다. 이것은 앞에서 설명한 '반전을 성공시키는 효과적인 방법'이기도 하다. 역발상 사고는 우선 어떤 체제의 근본적인 규칙과 작동 원리를 깊이 이해한 다음 '그것을 거꾸로 뒤집어보면 어떻게 될까'를 생각한다.

규칙을 뒤집어 상식에 도전하고 다른 사람과 정반대로 행동하자.

비벡 라비상카르Vivek Ravisankar는 벤의 벤처캐피털 회사에 자신의 사업 아이디어를 처음 설명할 때 이력서는 블랙홀과 같다고 말했다. 이력서란 누군가의 과거 업무 경력을 단 몇 줄로 요약한 것일 뿐 실제 업무 능력에 관해서는 아무것도 말해주지 않는다는 것이었다. 실제로 대부분의 고용주들은 피고용인의 학력보다 업무 능력에 관심이 더 많으니 이력서는 현실과 동떨어진 관행인 것 같다. 그저 업무 능력을 종이에 나열하는 것보다 능력을 실제로 보여주는 방법은 없을까?

그는 이 질문에 착안해서 해커랭크HackerRank라는 온라인 플랫폼을 공동 설립했다. 기업과 고용주가 이 플랫폼에 과제를 포스팅하면 해당 과제와 관련된 기술을 보유한 개발자들이 경쟁에 참여하는 구조였다. 이 플랫폼은 개발자들이 일자리에 지원할 때 자신의 업무 능력을 선보일 기회를 줌으로써 큰 성공을 거두었다. 현재 전 세계 6,000만에 이르는 소프트웨어 개발자 중 40퍼센트가 이 플랫폼에 참여하고 있으며 이 회사의 가치는 약 5억 달러에 달한다. 소프트웨어 개발자를 고용할 때 전통적인 이력서 대신 능력과 기술을 기반으로 검증한다는 아이디어는 역발상 사고의 대표적인 예다.

콜로라도의 두 교사나 해커랭크의 설립자처럼 우리도 역발상 사고를 통해 반전의 기회를 찾아낼 수 있다. 그러나 그러기 위해서는 먼저 현재 상황에 근본적인 의문을 던지고 그것을 거꾸로 뒤집을 만한 용기가 있어야 한다.

역발상 사고 방법

거꾸로 해보기

'늘' 하던 방식과 반대로 해보면 색다른 관점을 얻을 수 있다. 예를 들어 공원에서 화살표를 따라 산책로를 걷다 보면 늘 한 방향으로만 돌게 된다. 한 번쯤 반대 방향으로 걸어보면 어떨까? 산책로를 거꾸로 돌아보면 평소 익숙했던 길이 다른 관점으로 보일 것이다. 이런 방식과 태도를 일이나 개인 문제에도 적용해볼 수 있다. 혹시 협업을 줄이면 문제 해결에 도움이 될까? 가격을 올리면 오히려 물건을 더 많이 팔 수 있지 않을까? 이런 질문을 던지며 거꾸로 해본다면 새로운 문제 해결 방법이 보일지도 모른다.

상상 밖의 일을 저지르기

전자상거래 신발 유통업체인 자포스닷컴Zappos.com은 신입 직원이 퇴직을 원하면 4,000달러의 수당[38]을 준다. 그들이 불만을 품은 채 계속 일하기보다는 일찍 퇴사하는 편이 전체 비용 면에서 더 유리하다는 생각 때문이다. 자포스의 이 정책은 꽤 훌륭한 성과를 거두어 인적자원 관리 분야의 사례 연구 대상이 되었다. 회사 직원들의 높은 충성도와 고객에 대한 친절이 소문났고, 2009년에는 아마존Amazon이 무려 12억 달러에 이 회사를 인수하게 된다. 조기 퇴직 수당 정책이라는 상상을 초월한 발상으로 신입 직원 교육에 투자하는 기존 모델을 뒤집은 것이다. 역발상 사고를 배우는 데도 똑같은 질문이 필요하다. 내가 할 수 있는 상상 밖의 변화는 어떤 것일까?

Find
Option C

20 플랜 C를 찾아라

겐리히 알츠슐러Genrikh Altshuller는 평생을 바쳐 창의적인 문제 해결법을 만들어 수많은 사람에게 도움을 준 인물이다.

그의 여정은 특허 출원서에 몰두하던 시절부터 시작되었다. 그는 수십만 개의 특허 출원서를 꼼꼼히 살펴본 끝에 사람들에게 창의력의 중요성을 일깨우고 가르치는 것이야말로 사회 발전을 돕는다고 믿었다. 하지만 안타깝게도 그의 생각은 당시 그가 살던 러시아 공산당 정권의 생각과 어긋났다. 순진하게도 자신의 통찰이 정책에 영향을 미칠 수 있다고 믿었던 그는 이오시프 스탈린Joseph Stalin에게 소련의 학교와 공장에 창의적 문제 해결 방법을 가르쳐야 한다는 편지를 보냈다. 그 결과는 실패였다. 스탈린은 알츠슐러가 기대한 것처럼 개방적인 인물이 아니었다. 그는 정치범으로 체포되어 25년의 노동형을 선고받고 북극권 외곽의 굴라그 감옥에 갇혔다.

스탈린 사후에서야 석방된 알츠슐러는 아제르바이잔 공립 창의성 연구소Azerbaijan Public Institute of Inventive Creativity[39]라는 획기적인 단체를 설립했다. 그는 동료들과 함께 트리즈TRIZ, 러시아어로 창의적 문제 해결 이론의 앞 글자를 딴 약어라는 창의적 사고 방법론을 개발했다. 이 이론의 핵심 원리는 알츠슐러가 '모순'이라고 불렀던 머릿속 사각지대였다.

선택지가 두 가지밖에 없다는 생각을 벗어나면 다른 사람이 상상하지 못한 미묘하고 독창적인 제3의 대안을 떠올릴 수 있다.

알츠슐러는 어떤 문제를 제3자의 시각에서 본다면, 두 개의 선택지만이 아닌 '제3의 대안'이 있다는 걸 전했다. 보스턴 출신의 목수이자 디자이너, 건축가인 윌리엄 브라우어William Brouwer[40]는 알츠슐러의 말을 그대로 실천한 인물이다. 오랫동안 일본에 살았던 브라우어는 아침에 일어나 이불을 개어 장롱에

넣고 밤에 잘 때는 다시 꺼내 펴는 습관에 익숙했다. 나름대로 비좁은 방을 효율적으로 쓰는 방법이었다.

그는 미국 사람도 방을 넓게 쓰고 싶어 하지만, 침대를 포기한 채 바닥에 이불을 깔고 잘 생각은 전혀 없다는 사실을 잘 알고 있었다. 그래서 그는 평평하게 펴면 침대가 되고 접으면 소파가 되는 일종의 컨버터블 가구를 발명했다. 그리고 'S프레임 침대'라는 이름을 붙였다. 이제는 이 미국식 침대가 보편화되어 있다.

S프레임 침대는 전형적인 제3의 대안으로 두 문화의 장점을 절묘하게 섞은 방법이다. 필요할 때는 침대로 쓸 수 있으면서도 집에 손님을 초대했을 때 방바닥에 매트리스나 깔고 자라고 푸대접하지 않아도 된다.

눈에 보이는 뻔한 선택지에만 갇히지 말고 생각의 폭을 넓혀보자. 제3의 대안을 떠올리는 비결은 "애초에 왜 선택지가 두 개밖에 없느냐"고 묻는 태도다.

제3의 대안을 찾는 법

둘 중 하나만 고를 필요는 없다

검은색 아니면 흰색 중에 하나만 골라야 한다고 생각하지 말고 제3의 대안은 없는지 상상해보자. 로히트가 '뻔하지 않은 도서상'을 시작한 것도 바로 이런 사고방식 덕분이었다. 원래 도서상의 범위는 영업이나 리더십 같은 주제로 정해져 있었지만 그런 고정관념을 벗어던지고 비틀어본 것이다. 이 상은 중요성, 유용성, 재미, 유익성, 독창성 등의 특이한 카테고리를 정함으로써 좀 더 흥미롭고 다양한 수상자에게 돌아갈 수 있었다.

ORANGE
APPLE
other

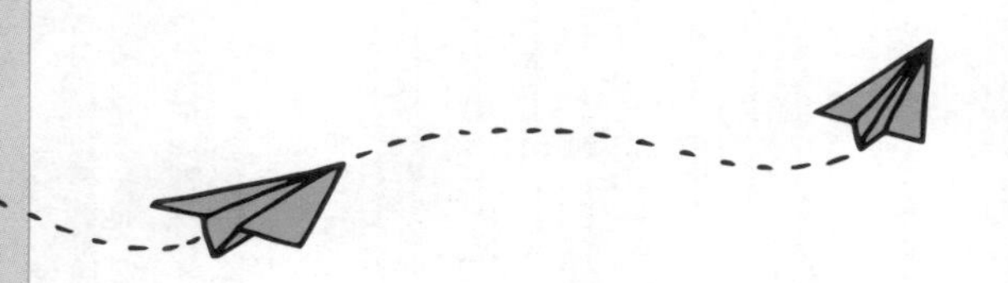

하이브리드 해결책

두 가지 선택지를 가장 훌륭하게 조합한 것을 하이브리드 해결책이라고 한다. 출판업계의 예로는 하이브리드 출판[41]이라는 모델을 들 수 있다. 이것은 비교적 최근에 등장한 출판 모델로, 책의 저자가 선인세를 포기하고 출간 과정의 비용을 책임을 지는 대신 로열티 비중을 훨씬 더 높이고 최종 출간물에 대한 권리도 더 많이 가져가는 방식이다. 최근에는 이 모델을 이상적인 제3의 대안으로 여기는 작가들이 많다. 전통적인 출판 과정의 장점을 살리면서도 최종 성과에 대해 유연성과 통제력을 모두 누릴 수 있다.

Practice Enigmatology

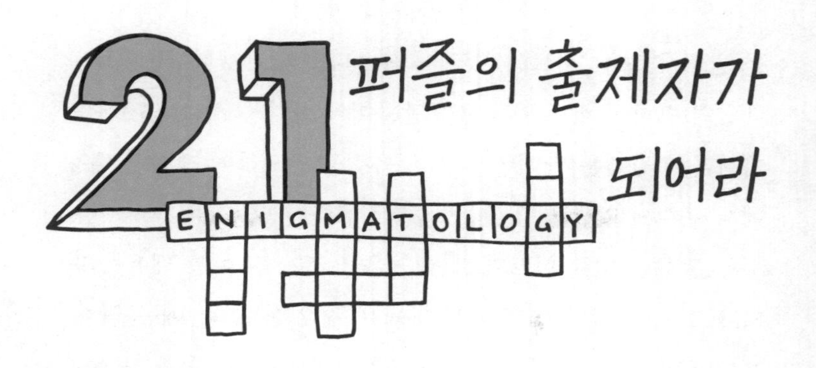

퍼즐의 출제자가 되어라

인디애나 출신의 퍼즐 제작자 지망생 윌 쇼츠Will Shortz[42]는 1974년에 세계 최초로 퍼즐학Enigmatology 학위를 수여받았다. 그로부터 약 50년이 지난 오늘날, 그가 해온 작업은 수백만 명에게 보급되어 전 세계적으로 사랑받고 있다.

쇼츠는 〈뉴욕 타임스NewYork Times〉에서 십자말풀이를 담당하는 편집자로 매년 1만 6,000개가 넘는 힌트를 찾아낸다. 그는 한 인터뷰에서 퍼즐을 제작하는 기법에 관해 말해달라는 질문을 받고 힌트를 '비트는' 것이 중요하다고 대답했다. 즉 힌트와 해답의 방향이 서로 엇갈리게 만들어야 한다는 것이다. 쇼츠는 자신이 수집해둔 방대한 퍼즐 모음집을 참고하며 평범한 내용에서 수수께끼를 끌어낼 방법을 항상 고민한다.

훌륭한 퍼즐 힌트와 그 해답은 우리가 잘 아는 내용을 단지 표현 방식이나 의미만 바꿔놓은 경우가 많다. 예를 들어, 2012년 미국 십자말풀이 경기 최종전에 오른 퍼즐 중에 '좌우 교대 서법'이 있었다. 줄이 바뀔 때마다 글씨를 쓰는 방향이 반대가 되는 고대 그리스식 글쓰기에서 가져온 이름이다.

퍼즐을 만드는 방식으로 생각을 전개하면 익숙한 것도 새롭고 매력적인 것으로 바꿀 수 있다.

'좌우 교대 서법' 퍼즐이 성공한 비결은 사람들에게 이미 익숙한 것을 완전히 새로운 시각으로 생각하게 만들었다는 점이다. 그리고 퍼즐 제작자가 이미 잘 아는 내용을 전혀 다른 방식으로 바꿈으로써 거부할 수 없는 매력을 불어넣은 훌륭한 사례이기도 하다.

스케이트보드의 발명자는 캘리포니아에 본부를 둔 서핑 잡지 발행인인 래리 스티븐슨Larry Stevenson[43]으로 알려져 있다. 그는 육지에서도 서핑을 즐기기를 원하던 사람들을 만났다가 '손

잡이 없는 스쿠터'라는 아이디어를 떠올렸다고 한다.

1963년, 스티븐슨은 킥테일kicktail을 갖춘 최초의 스케이트보드를 디자인했다. 킥테일이란 보드 뒷부분에 불룩 솟아오른 부분으로, 스케이터들이 점프나 피벗 등의 여러 가지 기교를 부릴 때 보드를 제어하는 장치다. 스케이트보드는 기존의 서핑보드에서 온 것이지만, 스티븐슨은 장치를 추가시켜서 색다르고 매력 넘치는 물건을 만들었다.

퍼즐 제작자들이 사람들에게 이미 익숙한 것을 비틀어 만들었듯이, 래리 스티븐슨은 기존의 것을 완전히 새로운 형태로 개척했다. 덕분에 스케이트보드는 문화적 상징이 되었고, 심지어 올림픽의 시범 종목으로 인기를 끌었다. 이렇듯 퍼즐학이란 이미 존재하는 것에서 영감을 얻어 그것을 독특하고 지속 가능한 것으로 반전시킨다는 뜻이다.

사소한 것에 의미 부여하기

스텔라 아르투아Stella Artois를 만든 벨기에 맥주 제조업체는 평범한 맥주잔의 테두리를 도금해서 상징성을 부여했다. '성배' 디자인[44]을 통해 브랜드가 추구하는 특별한 경험을 선사한 것이다. 이후 성배 맥주잔은 스텔라만의 독특한 상징으로 남게 되었다.

현재 마케팅 담당자들은 제품 판매를 위해 이 기법을 자주 사용한다. 작고 사소한 의미와 상징을 이용해 우리도 반전과 독특한 경험을 만들어낼 수 있다.

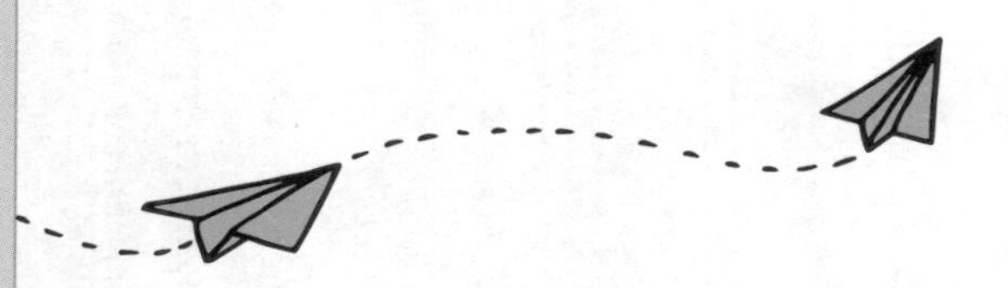

쉬운 해답에 안주하지 않기

쉬운 해결책에만 만족하면 안 된다. 19세기 말에 종이 뭉치를 간수하는 방법은 리본이나 끈으로 묶는 것 정도였다. 노르웨이 발명가 요한 발러Johan Vaaler도 남들이 하는 대로만 할 수 있었지만, 그러지 않았다. 그는 정교하고도 멋진 디자인의 종이 클립을 발명해 특허를 따냈다.[45] 우리도 그런 발명가의 사고를 본받아 기발하고 창의적인 방법을 찾을 수 있다. 반전은 언뜻 간단해 보이지만, 좋은 퍼즐의 해결책이 그렇듯이 결코 '쉽지' 않다.

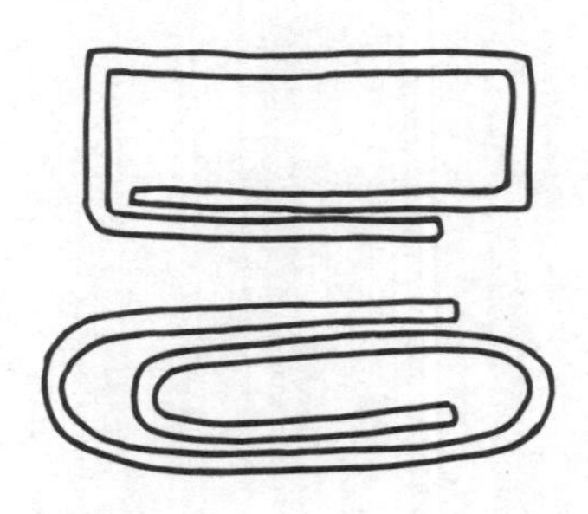

Think Un-Whatever

22 단점을 비틀면 개성이 된다

2002년 당시 타코벨Taco Bell은 대형 패스트푸드 식당 중에서 유일하게 햄버거를 제공하지 않는 곳이었다. 이 사실을 깨달은 그들은 영리하게도 "빵이라는 고정관념을 벗어던지세요"라는 광고 캠페인을 펼쳤다. 이 문구는 타코벨이 또 하나의 햄버거 체인점이 아닌 특색 있는 식당이라는 걸 일깨우며 큰 성공을 거두게 만들었다.

원래 대형 군용 차량 생산업체였던 허머Hummer는 민수용

시장에 진출할 때 액션 스타 아널드 슈워제네거Arnold Schwarzenegger를 앞세워 당당하며 자기중심적인 브랜드 특성을 강조하는 마케팅을 펼쳤다. 그들은 첫 차를 출시하면서 "남자를 남자답게 만들어준다"라고 선언해서 논란을 일으켰다. 다른 회사의 자동차처럼 합리적이고 남녀노소를 위한 차가 아니라며 노골적으로 남성 우월주의를 드러냄으로써 화제의 중심에 선 것이다.

{ 익숙한 현상을 거부해 반전과 차별화를 달성하자. }

수년 전 암스테르담Amsterdam의 한스 브링커 호스텔Hans Brinker Hostel은 독특한 마케팅 전략을 펼쳤다. 스스로 세계 최악의 호텔[46]이라고 홍보한 것이다. 이 호텔에 투숙하면 가방을 잃어버릴 것이고 침구도 수준 미달이라는 등의 내용이 광고 포스터에 버젓이 써 있었다. 심지어 호텔에 설치된 놀이방에 있는 것이라고는 포스트잇 종이에 틱택토 게임tic-tac-toe, OX 중 하나로 세 칸을 먼저 채우는 사람이 이기는 서양식 오목 놀이를 그려놓은 것뿐이라고 대놓고 말하기도 했다. 그런데 이런 형편없는 점들을 광고하는 데도 호텔 방은 언제나 거의 만실이었다.

다른 호스텔은 편의시설을 내세웠지만, 한스 브링커는 훌륭한 침구보다 숙박객이 집으로 가져갈 이야깃거리가 훨씬 더 기억에 남는다는 점을 강조했다. 유럽의 배낭여행자라면 친구들에게 세계 최악의 호스텔에 묵었다고 자랑할 기회를 과연 누가 마다할까?

타코벨, 허머, 한스 브링커는 모두 '남다른' 전략으로 차별화를 꾀했다. 그들이 성공했던 이유는 뭔가 다른 아이디어로 오직 자신만의 방식을 만들었기 때문이다. 역발상 사고가 생각을 뒤집는 것이라면, 남다른 생각이란 기존의 사물을 정반대의 기준으로 정의하는 것이다. 햄버거 말고 다른 것을 파는 패스트푸드 식당은 존재하지 않았다. 기름 먹는 하마 같은 차량은 아무도 만들지 않았다. 소비자에게 가장 중요한 문제는 환경이나 연료 효율이라고 생각했던 다른 자동차 회사들은 그런 차를 거들떠보지도 않았다. 암스테르담에서 최악의(어쨌든 가장 유명한) 숙박 시설이라고 대놓고 광고하는 호텔은 그 어디에도 없었다.

스스로 이렇게 물어보라. "내가 일하는 분야나 산업, 지역사회 등에서 다른 누구도 내세우지 않을 만한 것은 무엇인가?" 이 질문에 어떻게 대답하느냐에 따라 우리는 흥미롭고 뻔하지 않은 길로 나아가 거의 모든 사람이 놓치고 있는 반전을 찾아낼 수 있다.

남다르게 생각하는 법

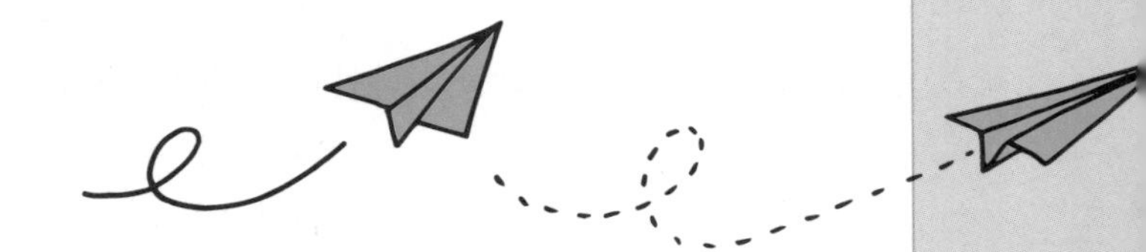

'절대 변치 않는 것'을 다시 생각하기

비즈니스 전문가들은 장기 전략을 수립할 때 절대 변하지 않는 것에 초점을 맞추라고 조언한다. 그러나 반전을 찾아낼 때는 우리 업계나 시장에서 변치 않는다고 생각하는 것에 도전할 줄도 알아야 한다. 모터 사이클 기업인 할리데이비슨Harley Davidson은 수십 년 동안 오로지 남성 고객만 겨냥해왔으나, 최근에야 여성 중에도 오토바이를 좋아하는 사람이 많다는 사실을 깨달았다. 그러자 여성을 외면하던 태도를 바꿔 그들을 적극적으로 끌어안는 마케팅을 펼쳤고, 결국 오늘날 여성 시장에서 최고의 매출을 올리는 오토바이 브랜드가 되었다.

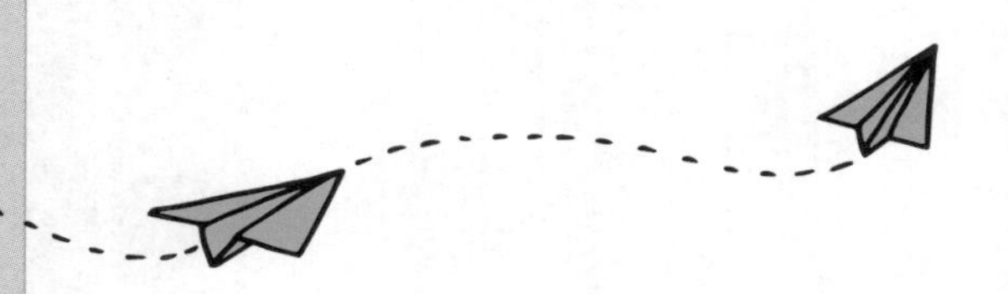

적을 겨냥하기

여러분의 적을 떠올려보라. 현실이나 가상 세계의 특정인, 조직, 혹은 아이디어가 될 수도 있다. 그리고 그들이 상징하는 가치나 신념, 행동과 무조건 반대로 하겠다고 다짐해보자. 이 방법은 결코 잊을 수 없는 반전을 찾는 데 효과가 있다. 대표적인 예로 대체 우유 시장의 급성장[47]을 들 수 있다. 오늘날 귀리, 견과류, 두유 등 음료 제조업체의 마케팅은 오로지 우유가 식물성 제품에 비해 건강에 해롭다는 점에만 맞춰져 있다. 그들은 우유를 적으로 삼았고 그 전략이 지금까지는 성공했다.

Mind the Intersections

23 정반대의 생각들이 만드는 교차사고

프로젝트 523은 중국의 주석이었던 마오쩌둥이 의외의 목적을 달성하기 위해 만든 비밀 군사 조직이었다. 1967년 5월 23일에 시작된 이 프로젝트는 중국 전역에 50개가 넘는 비밀 연구소를 설립해 클로로퀸 내성 말라리아의 치료법이나 백신을 개발하는 임무에 착수했다. 그러나 첫 2년 동안은 변변한 성과를 올리지 못했다.

1969년 어느 날 프로젝트는 전환점을 맞게 된다. 투유유라는 과학자가 이 프로젝트의 책임자가 되었다. 그녀는 부임하자마자 2년 동안 중국 전역을 돌며 전통 의학 전문가들과 대화를 나누고, 오지의 열대우림을 방문하고, 고대 의학 문헌을 수집했다.

현대 의학과 중국 전통 요법에 모두 정통한 그녀는 말라리아가 인류보다 더 오래된 질병이라는 사실을 알았다. 고대의 지혜로부터 참고할 만한 것이 있을지도 모른다고 생각했던 그녀의 직감은 옳았다. 1,600년 전 고서에서 개똥쑥을 적신 물을 마시라는 처방이 발견된 것이다.

투유유 연구팀은 그 성분을 시험하고 정제한 후 유효한 치료법을 발견했다고 발표했다. 나중에 그녀는 이것이 "고대 중국 요법[48]에서 찾아낸 진짜 보물"이었다고 회고했다. 세월이 흘러 그녀는 노벨 의학상을 받은 최초의 중국 여성이 되어 수많은 생명을 구해낸 공로를 인정받았다.

투유유는 옛 지식과 새로운 학문을 결합하는 방법으로 생명을 위협하는 문제를 해결할 수 있었다. 이런 방식을 바로 교차사고intersection thinking라고 한다. 아무런 상관이 없어 보이는 두 가지 개념을 조합해서 획기적인 것을 창조하는 노력이자 기술이다. 과거를 돌아보면 서로 관련이 없는 두 산업의 교차점에서 영감이 탄생하는 경우가 많았다.

> 시장과 업계의 교차점을 살펴보면 뻔하지 않은 해결책과 아이디어를 찾을 수 있다.

이와 관련한 예로 은행이 소유한 카페의 진화[49]를 들 수 있다. 직장인을 대상으로 한 설문조사에 따르면 코로나 시기부터 사무직 근로자들이 원격 근무의 외로움을 해소하기 위해 카페에 많이 찾아갔다. 그들은 특히 카페의 분위기를 중시했다. 또한 온라인 뱅킹이 더 정교하게 발전했지만 사람들은 여전히 재정 전문가를 직접 만나 조언을 듣는 것을 선호한다.

이런 몇 가지 사실을 토대로, 몇몇 대형 은행이 전 세계에 100여 개의 카페를 열게 되었다. 고객들의 반은 은행에, 반은 카페에 들르기 위해 이곳을 향한다. 카페가 성공할 수 있었던 이유는 사람들의 다양한 필요를 한 공간에서 충족해주기 때문이다. 카페는 여러 사회적 필요가 만나는 교차점이다. 사람이 서로 만나는 장소, 원격 근무 공간, 그리고 재무 전문가에게 직접 조언을 듣는 기회가 모여 있다.

교차점에 주목하면 사고의 반전 포인트를 정의하고, 원래의 요소보다 더 좋은 방향을 새롭게 모색하는 데 도움이 된다.

교차 사고법

'그들'이라면 어떻게 할까?

뻔하지 않은 생각 워크숍 참석자들은 "자신이 다른 조직에서 일한다고 가정하고 문제를 풀어보라"는 말을 들을 때가 있다. NASA미 항공우주국 직원이라면 이 문제를 어떤 식으로 해결할까? 데이터 분석가는 어떻게 해결할까? 마케팅 책임자는 어떻게 할까? 같은 식이다. 새로운 해결책을 찾아야 할 때는 '다른 상황에 있는 사람이라면 문제를 어떻게 대처하고 해결할까'를 생각해 보는 것이 좋다. 그리고 그들의 방식과 내가 하던 방식 사이에서 교차점을 찾아보자.

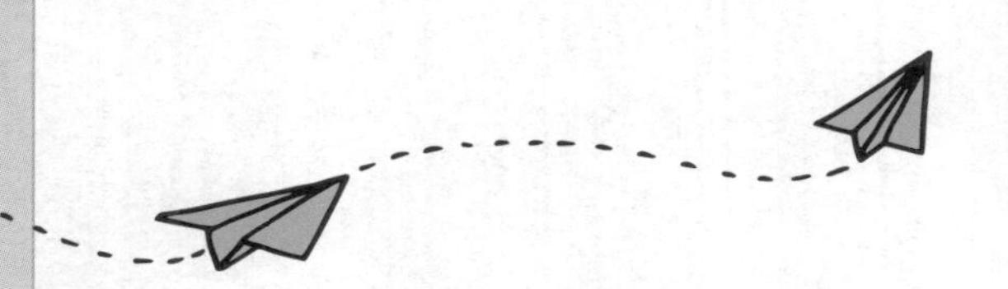

트렌드 분석하기

트렌드를 분석할 때 개인의 행동이나 사회의 문화적 흐름에만 눈길이 갈 때가 많다. 물론 트렌드는 이런 변화도 반영하지만, 그들 사이의 교차점을 나타내기도 한다는 것을 잊어서는 안 된다. 서로 다른 분야의 보고서나 업계 트렌드에 나타나는 공통점은 무엇인가? 이를 합하면 어떤 아이디어를 떠올릴 수 있을까? 트렌드 분석을 제대로 하는 방법은 트렌드에 드러난 문화적 변화를 눈여겨보고 그 속에서 새로운 아이디어와 교차점을 찾아내는 것이다.

Create Your Argot

24 뻔하지 않은 단어 쓰기

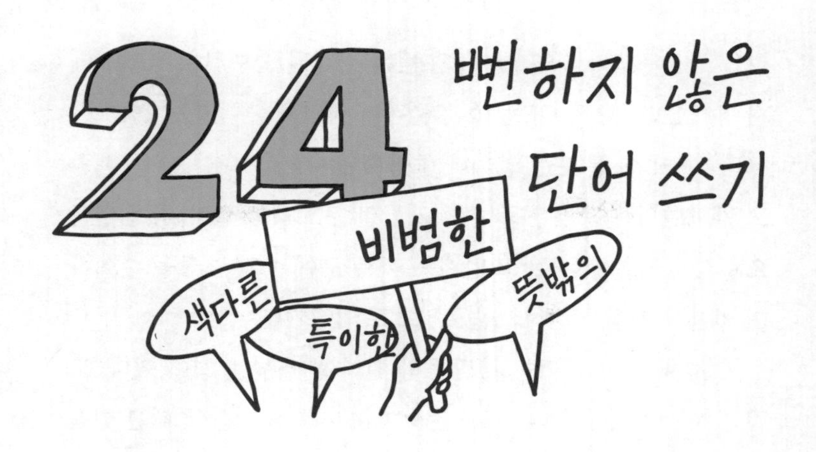

1891년에 설립된 세계적인 광고 대행사 BBDO Batten, Barton, Durstine & Osborn의 CEO였던 필 듀센베리 Phil Dusenberry는 제너럴 일렉트릭 General Electric, GE에서 중요한 연설을 하기 위해 택시를 탔다. 그가 이끄는 팀은 GE가 새로 펼칠 글로벌 광고 캠페인에 쓸 슬로건을 개발하는 중이었다. 그때까지 나온 유력 후보는 "우리는 멋진 인생을 만드는 물건을 만듭니다[50]"였다.

고민을 거듭하던 듀센베리는 그날 밤에 마침내 더 좋은 표현을 생각해냈다. 다음 날 그의 팀은 수정된 슬로건을 강연장에서 공개했다. "우리 GE는 좋은 물건에 생명을 불어넣습니다."

GE가 이 문구를 얼마나 좋아했던지 이후 수십 년 동안 광고 캠페인의 슬로건은 물론이고 직원 구호와 주주 사명 선언문으로까지 사용했다. 광고 업계는 이 문구에 수많은 상을 수여하며 역사상 가장 상징적인 슬로건으로 인정했다.

제대로 된 단어는 사람들의 인식을 바꾸는 힘이 있다. 그것은 사람들에게 영감을 줄 뿐만 아니라 특정 대상에 대한 믿음이나 불신을 유도함으로써 우리의 인식까지 바꿀 수도 있다. 정치가와 자문가들이 선거철마다 그들의 메시지를 단 몇 마디 말로 요약하기 위해 그토록 애쓰는 이유가 여기에 있다.

우리가 사용하는 단어는 우리의 생각을 비범하게 표현할 수도, 진부하고 뻔한 것으로 만들 수도 있다.

아이디어는 어떤 단어를 쓰느냐에 따라 잊지 못할 정도로 도발적이고 뻔하지 않게 표현할 수 있다. 다행인 점은 굳이 세계적인 광고 전문가가 되지 않아도 그렇게 할 수 있다는 것이다. 가장 먼저 할 일은 언어학자의 관점에서 생각해보는 것이다.

어떤 단어가 주류 문화에 새로 등장할 때는 그 전에 특정 집단에서만 통용되는 은어로 시작하는 경우가 많다. 은어라는 뜻의 프랑스어 단어 아르고argot는 원래 도둑과 악당이 쓰는 속어라는 의미였다가 점차 하위문화 집단에서 통용되는 모든 언어라는 뜻으로 변형되었다. 컴퓨터 해커와 고등학생, 프로 운동선수 등 저마다 쓰고 있는 은어를 연구해보면 해당 집단을 이해하는 데 큰 도움이 된다.

나만의 은어를 만들 수 있다면 내가 가진 아이디어를 독창적으로 정의할 수 있다. 은어를 한번 만들어놓으면 나와 내 아이디어를 사람들에게 전달하고 새로운 커뮤니티를 형성할 수 있다. 유명한 음악가들은 이미 이 일을 해냈다. 예를 들어 테일러 스위프트Taylor Swift의 광팬은 스위프티라고 불린다. 비욘세Beyonce는 베이 하이브, 그레이트풀 데드Grateful Dead에게는 항상 데드헤드가 따라다닌다. 이런 이름은 각 그룹에 뚜렷한 정체성을 부여해준다.

사실은 이 책의 주제도 의도적으로 만든 은어의 위력을 보여주는 예다. '뻔하지 않은'이란 말은 세상을 더욱 풍부하게 바라보는 사고방식을 설명하고자 우리가 선택한 단어이자 일종의 브랜드다. 이것이 바로 우리가 이 책을 쓴 이유다.

은어 만드는 법

한마디로 표현하기

아이디어를 독특하게 만드는 방법은 최대한 생각을 간결하게 요약하는 것이다. 언뜻 복잡하게 느껴질 만한 생각도 단어도 적게 사용하면 다른 사람도 쉽게 따라 할 수 있어 결국 은어가 될 수 있다. 할리우드 마케팅 담당자들은 이 분야의 대가다. 예를 들어 영화 〈쥬라기 공원Jurassic Park〉의 포스터 문구는 '6,500만 년 전의 모험'이었다. 그야말로 역대 최고의 액션 모험 영화를 한마디로 표현한 걸작이다.

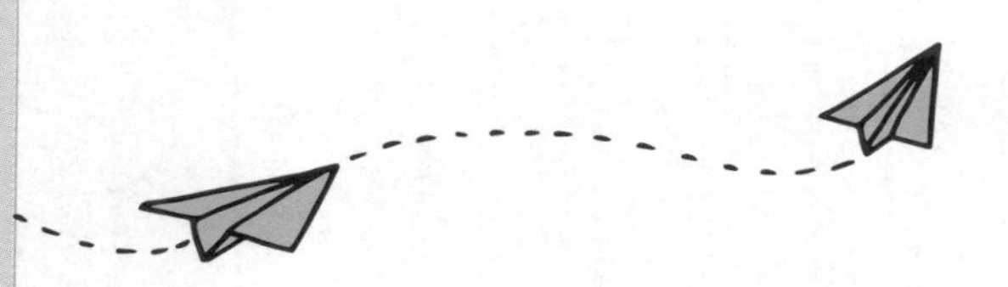

단어 비틀기

나만의 은어를 만드는 첫걸음은 기존의 단어를 비틀어 독창적인 아이디어를 전달하는 것이다. 몇 년 전에 로히트가 쓴 글 중에 '요즘 사람들은 너무 완벽한 것보다는 약간 흠이 있는 것을 더 신뢰한다'라는 내용이 있었다. 좀 못생겼어도 먹는 데는 전혀 문제없는 과일이 잘 팔린다든가, 기울어진 피사의 사탑이 그토록 오래 인기를 끌었던 것도 이런 원리에 속한다. 로히트는 이런 트렌드에 평범한 '불완전imperfect' 대신 '비완전unperfect'이라는 이름을 붙였다. 글자 하나 차이로도 독특한 뉘앙스를 풍기며 사람들의 뇌리에 강하게 박혔다.

자신감은 나를 믿는 것이다.
확신은 내 믿음을 믿는 것이다.
자신감은 다리다.
확신은 바리케이드다.

–

케빈 애슈턴Kevin Ashton
《창조의 탄생》 저자

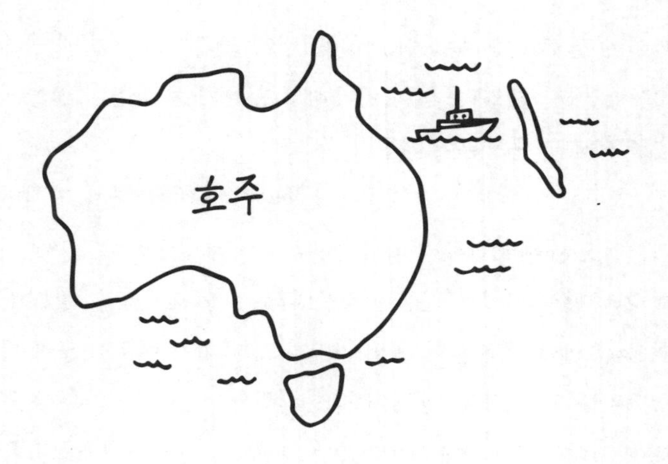

결론

2012년, 호주의 한 과학 탐사선이 퀸즐랜드에서 동쪽으로 1,100킬로미터 떨어진 샌디섬Sandy Island[51]으로 항해했고, 놀라운 사실을 발견했다. 그곳에 샌디섬은 없었다. 과학자들은 현대에 만든 지도와 GPS를 총동원해서 지난 100여 년 동안 24킬로미터의 타원형 섬이 존재한다고 믿어왔던 지점에 정확히 도착했다. 심지어 그곳은 구글 지도에도 표기된 곳이었다. 그러나 섬이 있어야 할 자리는 수심이 1,400미터에 불과했고 주변에 육지라고는 보이지 않았다. 섬이 존재하지 않는다는 사실이 발표되자 각종 추측과 음모론이 떠돌기 시작했다.

이곳은 혹시 또 다른 아틀란티스나 비밀 군사 기지였을까? 어떤 대재앙이 발생해 섬 전체가 사라지고 만 것일까? 시간이 지나면서 정설로 인정된 것은 다소 맥이 빠지는 내용이었다. 이 섬은 애초에 존재한 적도 없었다. 그때까지 여러 지도에 남아 있던 이유는 길고 긴 항해에 지친 선장들의 판단과 실수가 수 세대에 걸쳐 누적되면서 근거 없는 희망으로 굳어진 탓이었다. 그러다가 누군가가 정말 그곳에 섬이 있음을 확인하려다 없다는 사실이 밝혀진 것이다.

샌디섬이 없다는 걸 확인한 구글은 그곳을 지도에서 공식적으로 삭제했다. 그 뒤로 다른 자료들도 섬을 삭제했다. 인류 역사상 '비존재의 발견'이라는 개념이 거론된 적은 거의 없지만, 어쩌면 앞으로는 필요할지도 모른다. 이런 지리적 수정 작업은 비록 매우 드문 일이지만 어쩌면 우리가 아직 세상을 턱없이 모르고 있을 수도 있다는 매혹적인 가능성을 일깨워주었다.

한 세기가 넘도록 존재한다고 믿었던 섬이 완전히 거짓이었던 것처럼, 우리도 모르는 내용을 알고 있다고 단단히 착각하고 있지는 않을까?

우리 마음의 지도에도 샌디섬이 곳곳에 숨어있다. 문제는 그것을 찾아내고(또는 없다는 것을 확인하고) 진실을 인정하기

> 우리가 이미 아는 내용에 의문을 던져 관점을 바꾸고 시야를 넓히면 뻔하지 않은 생각이 나온다.

가 어렵다는 사실이다.

스코틀랜드에서는 최근 글래스고대학교의 사전 연구자들이 스코틀랜드어 유의어 사전[52]을 만드는 과정에서 플린드리킨flindrikin: 약간 휘날리는 눈보라, 스켈프skelf: 큰 눈송이 등을 비롯해 눈을 표현하는 단어가 무려 400개가 넘는다는 사실이 밝혀졌다.

그러나 스코틀랜드어 플린드리킨에 관해 흥미로운 점은 우리가 그 단어를 안다고 눈에 대한 경험이 달라지지는 않는다는 사실이다. 어쨌든 똑같이 생긴 눈송이는 하나도 없다. 설사 그중 하나가 스켈프라고 해도 말이다.

우리는 사람들의 경험이 서로 다른 이유를 언어, 문화, 신념 등에서 찾을 수 있을 것이다. 그러나 이런 차이의 이면을 더 깊이 들여다보면 우리를 하나로 묶어주는 것이 더 많음을 알 수 있다.

마음을 열고 다른 관점에 눈뜨는 일은 용기가 필요하다. 생각이 나와 다른 사람과 소통하거나 평소 거들떠보지 않던 매체에서 정보를 찾는 일도 마찬가지다. 무엇보다 이 책은 그런 정신적 용기를 스스로 만들어가며 다른 사람이 놓친 것을 보고자

하는 사람들을 위해 마련되었다.

그것이 바로 뻔하지 않은 생각을 지닌 사람들이 하는 일이며, 세상에 우리 같은 사람이 많아질수록 더 밝은 미래가 열릴 것이다.

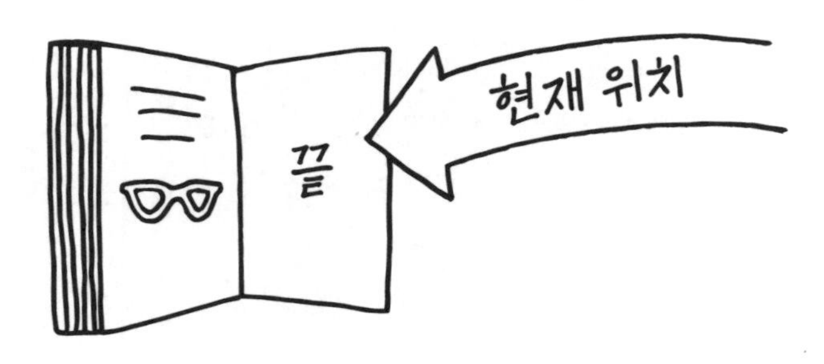

더 읽을거리

우리가 이 책을 쓰기로 마음먹었을 때 영감을 얻을 만한 곳은 역시 책이라고 생각했다.

지금부터 소개하는 책은 우리가 지난 몇 년간 읽어본 책 중 가장 추천할 만한 것들이다. 이 책들은 여러분이 뻔하지 않은 생각을 제대로 발휘할 때까지 기술과 지식을 꾸준히 쌓아가는 데 도움이 될 것이다. 그러기 위해서는 역시 많이 읽는 것이 최고다.

마음의 틈

호흡에서 시작하기

《호흡의 기술》 제임스 네스터

《에브리데이 달마Everyday Dharma》 수닐 굽타

《저스트 브리드Just Breathe》 댄 브룰

반박하는 말 삼키기

《설득의 기술Persuadable》 알 피탐팰리

《한 번도 그런 식으로 생각해 본 적이 없는데요!I Never Thought of It That Way》 모니카 구즈만

《씽킹101》 안우경

평온한 순간을 만드는 법

《콰이어트》 수전 케인

《시간 쓰는 법How to Take Your Time》 알랭 드 보통

《사기꾼의 모자Trickster's Hat》 닉 밴톡

위험한 일에 도전하라

《안티프래질》 나심 니콜라스 탈레브

《늦깍이 천재들의 비밀》 데이비드 엡스타인

《메시MESSY》 팀 하포드

매일 습관을 바꿔라

《5초의 법칙》 멜 로빈스

《습관의 디테일》 BJ 포그

《습관 효과The Ritual Effect》 마이클 노튼

과감하게 속도 늦추기

《어떻게 불안의 시대를 대비해야 하는가》 제인 맥고니걸

《예술 두뇌Your Brain on Art》 수전 맥사맨, 아이비 로스

《롱 게임》 도리 클라크

번뜩이는 통찰

질문지는 작성하지 말 것

《질문을 멈춰라Stop Asking Questions》 앤드루 워너

《톡 투 미Talk to Me》 딘 넬슨

《좋은 관계는 듣기에서 시작된다》 케이트 머피

눈칫밥도 소화시키는 법

《FBI 행동의 심리학》 조 내버로, 마빈 칼린스

《눈치의 힘The Power of Nunchi》 유니 홍

《일의 원리How Work Works》 미셸 킹

배달 기업 대표가 직접 배달하는 이유

《손으로, 생각하기》 매슈 크로퍼드

《만들기의 세계Why We Make Things and Why It Matters》 피터 콘

《일상용품 디자인The Design of Everyday Things》 돈 노먼

자연은 변화의 선생님

《새의 언어》 데이비드 앨런 시블리

《센티언트Sentient》 재키 히긴스

《자연에 답이 있다》 크리스티 해밀턴

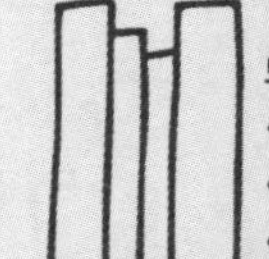

모임에서 횟수보다 중요한 것

《모임을 예술로 만드는 법》 프리야 파커

《빌롱Belong》 라다 아그라왈

《2시간짜리 칵테일 파티The 2-Hour Cocktail Party》 닉 그레이

가끔은 초심자가 되어 보자

《시크교의 가르침The Light We Give》 심란 짓 싱

《딱지 붙이기The Light We Give》 어샤드 만지

《마인드버그》 마자린 R. 바나지, 앤서니 G. 그린월드

초집중 모드

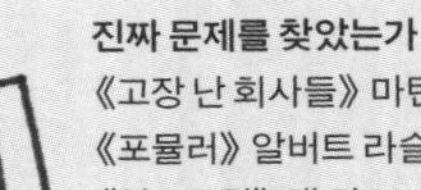

진짜 문제를 찾았는가

《고장 난 회사들》 마틴 린드스트롬
《포퓰러》 알버트 라슬로 바라바시
《업스트림》 댄 히스

먼저 패턴을 찾아라

《트랜드 예측 핸드북The Trend Forecaster's Handbook》 마틴 레이몬드
《피크 마인드Peak Mind》 아미시 자
《도둑맞은 집중력》 요한 하리

만족을 기준으로 선택하라

《선택의 심리학》 배리 슈워츠
《에센셜리즘》 그렉 맥커운
《단순함의 법칙》 존 마에다

오리인가, 토끼인가?

《생각이 솔솔 여섯 색깔 모자》 에드워드 드 보노
《가짜 뉴스True of False》 신디 오티스
《인종차별의 폐해The Sum of Us》 헤더 맥기

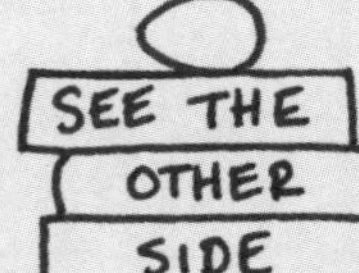

제약이 선택의 수고를 덜어준다

《빼기의 기술》 라이디 클로즈
《훔쳐라, 아티스트처럼》 오스틴 클레온
《디지털 미니멀리즘》 칼 뉴포트

AI로 창의성 강화하기

《아티스트 웨이》 줄리아 캐머런
《창조의 탄생》 케빈 애슈턴
《생각을 SHOW 쇼 하라》 댄 로암

마법의 비틀기

상식이 당신의 우물이다

《플립 싱킹》 베르톨트 건스터

《잘 풀리는 마법은 어떻게 일어날까?》 로리 서덜랜드

《룬샷》 사피 바칼

FIND
OPTION C

플랜 C를 찾아라

《오리지널스》 애덤 그랜트

《블랙 스완》 나심 니콜라스 탈레브

《팩트풀니스》 한스 로슬링, 안나 로슬링 뢴룬드, 올라 로슬링

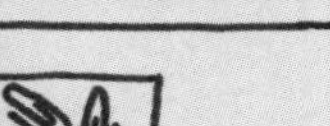

PRACTICE
ENIGMATOLOGY

퍼즐의 출제자가 되어라

《훅: 일상을 사로잡는 제품의 비밀》 니르 이얄

《지도에 없는 마을》 앨러스테어 보네트

《행복을 풀다》 모 가댓

단점을 비틀면 개성이 된다

《괴짜처럼 생각하라》 스티븐 레빗, 스티븐 더브너

《휴먼카인드》 뤼트허르 브레흐만

《유일성의 힘The Power of Onlyness》 닐로퍼 머천트

THINK
UN·WHATEVER

정반대의 생각들이 만드는 교차사고

《메디치 효과》 프란스 요한슨

《컬러의 말》 카시아 세인트 클레어

《바른 마음》 조너선 하이트

뻔하지 않은 단어 쓰기

《주니어Junior》 토머스 케메니

《먹히는 말》 프랭크 런츠

《한 마디 한 마디Word by Word》 코리 스탬퍼

뻔하지 않은 주석

이 책은 이야기로 가득 차 있다. 그중 어떤 이야기는 더 자세히 알아보고 싶을거라 생각한다. 우리는 교과서적인 참고 문헌 형식을 따르기보다 호기심이 왕성한 여러분의 지적 욕구를 채울 만한 주석을 만들고 싶었다. 지금부터는 이 책에 나온 내용의 뒷이야기와 더 읽을거리 등을 소개한다.

뻔하지 않은 사고를 가진 사람은 질문을 즐긴다. 이 책이 여러분이 질문을 던지는데 조금이나마 촉매가 되었다면 이제 이 주석이 그 답을 찾는데 도움이 되기를 바란다.

1 이 이야기의 자세한 내용은 올림픽 공식 유튜브 채널의 동영상을 확인하면 된다. https://youtu.be/CZsH46Ek2ao

2 2019년 말, CNN은 지난 10년간 가장 영향력 있었던 책 10권을 선정했다. https://www.cnn.com/2019/12/30/entertain\-ment/decades-most-influential-books-trnd/index.html

3 더랜드 공원의 이야기는 이 장에서 언급한 다큐멘터리 영화와 여러 온라인 기사가 다루었다. 이 이야기를 알아보기에 적당한 자료는 <애틀랜틱> 매거진 2014년 4월호에 실린 "과보호 아동"이라는 기사다. https://www.theatlantic.com/magazine/archive/2014/04/hey-parents-leave-those-kids-alone/358631/

4 2017년에 루이자 다마니Louisa Dahmani와 베로니크 D. 보봇Véronique D. Bohbot이 발표한 "GPS 자동 항법 장치의 습관적 사용이 공간 기억에 미치는 부정적 영향"이라는 연구에 이런 내용이 요약되어 있다.

5 참고로 차이는 힌디어로 '차'를 뜻하기 때문에 '차이 티'라는 말은 중복된 표현이다.

6 〈타임지〉(2014년 5월 22일) "페란 아드리아와 10가지 질문"에 실린 내용이다. https://time.com/108688/10-questions-with-ferran-adria/

7 멜 로빈스, 《5초의 법칙》(한빛비즈, 2017)에서 자세한 내용을 확인할 수 있다.

8 제임스 캐머런 감독 영화의 흥행 예상치는 영화 업계 웹사이트 Screenrant.com을 참고했다. https://screenrant.com/james-cameron-highest-grossing-director-avatar-prediction-when/

9 맥고니걸의 저서 《Imaginable》(Spiegel & Grau, 2022)에 나오는 말이다.

10 2013년 도브의 리얼뷰티 광고는 방영된 지 한 달 만에 5천만 회가 넘는 조회수를 기록하며 연간 최다 시청 동영상이 되었다. https://www.dove.com/us/en/stories/campaigns/real-beauty-sketches.html

11 눈치를 연습하는 방법에 대해 더 알고 싶다면 이 책을 참고하면 된다. 유니홍, 《눈치》(덴스토리, 2020년 11월)

12 이 표현을 해설한 내용 중 일본어 원문은 당연히 많지만, 영어로 된 것으로는 다음의 BBC 기사를 들 수 있다. https://www.bbc.com/worklife/article/20200129-what-is-reading-the-air-in-japan

13 닉슨 대 케네디 토론의 상세한 분석과 바디랭귀지가 유권자 인식에 미치는 영향에 관해서는 국립헌법센터의 기사를 참고하면 된다. https://constitutioncenter.org/blog/the-debate-that-changed-the-world-of-politics

14 이 회의에서 무슨 일이 일어났는지 알아보려면 다음 기사를 확인해보자. https://fortune.com/2023/09/07/uber-ceo-drive-deliver-why-we-suck/

15 흰개미 언덕의 건축 과정은 자연 작용을 보여주는 훌륭한 예다. 흰개미 언덕의 상세한 구조는 다음을 참조하면 된다. https://seas.harvard.edu/news/2019/02/how-termite-mounds-get-their-shape

16 이 빌딩에 관한 자세한 이야기는 건축가 믹 피어스의 웹사이트를 참고하면 된다. https://www.mickpearce.com/Eastgate.html

17 인간이 자연에서 영감을 얻어 혁신을 이룬 사례는 다음을 참조하면 된다. https://cosmosmagazine.com/technology/10-technologies-inspired-by-nature/

18 〈와이어드〉 매거진 2012년호는 이 모임의 참석자로 확인된 12명을 모아 놓고 소위 '아이디어 총회'에 관한 그들의 솔직한 인터뷰를 게재했다(나중에 정식 명칭이 되었다). https://www.wired.com/2012/06/minority-report-idea-summit/

19 이 용어는 오늘날 가상 현실 기술의 잠재력을 설명하는 말로 널리 사용되고 있다. 2015년 TED 강연에서 몰입을 주제로 이야기한 크리스 밀크Chris Milk가 처음 사용한 말로 알려져 있다. https://www.ted.com/talks/chris_milk_how_virtual_reality_can_create_the_ultimate_empathy_machine

20 이 용어는 1973년에 사회학자 마크 그래노베터Mark Granovetter가 발표한 〈약한 유대의 힘〉이라는 논문에 처음 소개된 "약한 유대 이론" 개념에서 온 것이다. 이 이론에 따르면 새로운 아이디어나 일자리를 찾을 때와 같은 상황에서는 평소 익숙했던 사회적 집단 밖에서 새로 알게 된 사람이 훨씬 더 도움이 된다고 한다. 이 이론은 처음 발표된 이후 50년간 수많은 연구를 통해 재확인되었다.

21 터키 농부들이 장미 기름을 수확하는 과정에 관해서는 "스토리와 사물Stories + Objects"이라는 웹사이트에 실린 튀르키예 이스파르타 지역의 에센굴 아티소이라는 장미 수확 농부의 일과를 인터뷰한 내용을 살펴보면 된다. https://www.storiesandobjects.com/blogs/stories/a-turkish-rose

22 8년이 걸리는 이 수련 과정은 모든 수련생이 함께 완성한 것으로 유명하다. 관련 내용은 워터포드 웹사이트에서 확인할 수 있다. https://www.waterford.com/en-us/discover-waterford/the-waterford-story/craftsmanship

23 오티스와 그가 1853년 세계 박람회에 참가한 이야기는 인터넷과 다양한 간행물을 통해 여러 차례 알려졌다. 이 이야기는 2017년에 출간된 《팀 하포드의 세상을 바꾼 51가지 물건》 제22장에도 실렸다.

24 이 이야기가 과연 사실인지를 두고 온라인에서 논쟁이 벌어지기도 한다. 넷플릭스 공동 창립자 마크 랜돌프Mark Randolph는 이 이야기가 허구라고 말했고, 사실 헤이스팅스 자신도 제대로 기억하지 못한다. 그러나 그가 연체 수수료에 불만을 품었을 가능성은 충분하고(블록버스터를 기억하는 연령대라면 누구나 쉽게 이해할 수 있다), 우리는 이것이 넷플릭스의 사업 모델에 영향을 미친 여러 요인 중 하나라고 믿었으므로 이 이야기를 책에 싣기로 했다. 자세한 내용은 다음을 참조하면 된다. https://www.cnbc.com/2017/05/23/netflix-ceo-reed-hastings-on-how-the-company-was-born.html

25 원래 제조업계에서 시작된 이 기법은 지금도 미국품질협회를 비롯한 여러 그룹에서 프로세스의 문제를 파악하고 해결하는 방법으로 인정되고 있다.

자세한 내용은 다음을 참조해보자. https://asq.org/quality-resources/five-whys

26 '거주 가능 구역'이라고도 하는 이 이론은 1959년에 중국계 미국인 천체물리학자 황쑤슈가 맨 먼저 소개했다. 자세한 내용을 확인할 수 있다. https://www.scientificamerican.com/article/life-outside-the-solar-system/

27 이 부분의 인용문은 배리 슈워츠의 《선택의 심리학》(The Paradox of Choice by Barry Schwartz , Ecco, 2004)에서 발췌한 것이다.

28 이 그림은 철학과 심리학 분야에서 너무나 유명하며, 처음 발표된 후 100년이 넘도록 수많은 실험에 사용되었다. 다양한 예술가들이 그린 여러 버전이 있으며, 특히 같은 사물도 여러 관점으로 볼 수 있다는 철학 개념인 "양상 인식aspect perception"을 설명할 때 자주 등장한다.

29 부활절 즈음에는 더 많은 사람들이 토끼를 볼 가능성이 높다. 이 연구와 이미지에 대한 자세한 내용은 기사를 참고하면 된다. https://www.independent.co.uk/news/science/duck-and-rabbit-illusion-b1821663.html

30 1991년에 엔지니어 톰 바케이, 3D 아티스트 체리 스미스, 그리고 프로그래머 밥 살리츠키가 공동작업을 통해 최초의 매직아이® 3차원 착시 이미지를 만들었다. 이 이미지는 90년대 초에 세계적인 열풍을 일으켜 〈뉴욕 타임스〉 베스트셀러 북 시리즈에도 영감을 주었다. 지금도 이 북 시리즈에 드물게 업데이트되는 내용을 다음 사이트에서 확인할 수 있다.

31 닥터 수스가 제한된 수의 단어로 동화책을 쓴 이야기는 바이오그래피닷컴에 실린 그의 약력에서 확인할 수 있다. 전문은 다음에서 확인하라. https://www.biography.com/authors-writers/dr-seuss-green-eggs-and-ham-bet

32 마티스의 생애 중 이 기간에 대해 알고 싶다면 2015년에 개최된 뉴욕현대미술관 전시회 자료를 읽어보면 좋다. https://www.moma.org/calendar/exhibitions/1429

33 2023년에 슈퍼마리오 브라더스 주제곡은 비디오게임 사운드트랙으로는 처

음으로 미국 의회도서관이 관리하는 국가녹음자료목록에 올랐다. 벤 코언 Ben Cohen은 〈월스트리트 저널〉에 기고한 기사에서 작곡가 콘도 코지가 창의적인 제약을 마주하고 그것을 극복한 과정을 설명했다. 기사 전문은 다음과 같다. https://www.wsj.com/articles/super-mario-bros-music-koji-kondo-a74ce7d9

34 정부와 기업이 나서서 쉬운 언어를 사용하자는 운동이 전 세계로 퍼져가고 있다. 로히트도 오랫동안 '쉬운 언어 센터'에서 이사로 활동하면서 이런 운동에 힘을 보태고 있다. 우리는 이 책을 쓰면서도 쉬운 언어를 쓰기 위한 노력을 기울였다.

35 찰리 더글러스에 대한 자세한 내용과 실제 라프 박스의 사진을 보려면 이 글을 참고하면 된다. https://www.theverge.com/2013/12/13/5207136/Charley-Douglass-laff-box-laugh-track

36 다이슨사가 공개한 자료에는 사이클론 분리기에 관한 내용과 제임스 다이슨이 그것에서 얻은 영감으로 소형 버전을 발명한 이야기가 나와 있다. https://medium.com/dyson/in-the-eye-of-the-vortex-that-keeps-dysons-world-spinning-3ab390cf0363

37 하버드대학교 교수법센터 홈페이지에는 거꾸로 교실을 운영하는 여러 방법을 안내하면서 다운로드할 수 있는 자료도 실어놓았다.

38 <하버드비즈니스리뷰>에 실린 기사는 자포스닷컴의 독특한 퇴직 수당 정책과 당시 CEO였던 토니 셰이가 이 수당 금액을 계속 인상했다는 사실을 자세하게 설명한다.

39 알츠슐러와 그의 아제르바이잔 발명 연구소의 이야기는 주로 파건 케네디의 저서 <How We Dream Up Things That Change the World> (Eamon Dolan/Houghton Mifflin Harcourt, 2016)저서에서 연구하고 공유한 이야기를 바탕으로 작성되었다.

40 목공예가의 비하인드 스토리에 대한 자세한 내용은 이 사이트에서 확인하면 된다. https://www.futon.org/futon_frames.php

41 독립도서출판협회(IBPA)는 하이브리드 출판에 관한 자세한 내용과 이 방

식을 도입하고자 하는 출판사에 도움이 될 만한 업계 지침을 제공한다.

42 퍼즐 마스터 윌 쇼츠: 윌 쇼츠의 경력에 대한 전체 프로필과 그가 어떻게 퍼즐 마스터가 되었는지 뉴욕 타임즈의 프로필을 확인하면 된다. https://www.nytimes.com/2017/08/01/insider/will-shortz-a-profile-of-a-lifelong-puzzle-master.html

43 스케이트보드 명예의 전당 박물관은 래리 스티븐슨의 생애와 업적을 실은 기사를 발표했다. 그가 킥테일을 개척해서 스케이트보드가 세계적인 인기를 얻는 데 크게 공헌했다는 내용을 설명한다.

44 스텔라 아르투아 성배 잔: 황금빛 성배의 디자인에 관한 자세한 이야기는 웹사이트를 참고하면 된다. https://www.stellaartois.com/chalice

45 요한 바알러가 이 종이를 어떻게 발명했는지에 대한 자세한 이야기는 이 기사를 확인하면 된다. https://www.thoughtco.com/history-of-the-paper-clip-4072863

46 "세계 최악의 호텔": 한스 브링커 버짓 호텔의 마케팅 캠페인이 재밌는 그림책으로 출판되었다. 한스 브링커, 《버짓호텔》(부스-클립본, 2009).

47 비유제품 우유의 성장에 대한 초기 판매 데이터는 사이트의 내용을 참고하면 된다. https://www.mordorintelligence.com/industry-reports/global-non-dairy-milk-market

48 투유유의 이야기와 이 말은 노벨상 웹사이트에 실린 "과학을 바꾼 여성"이라는 글에서 찾아볼 수 있다. https://www.nobelprize.org/womenwhochangedscience/stories/tu-youyou

49 독특한 방식으로 잠재 고객을 확보하기 위한 대형 은행의 전략에 대해 자세히 알아볼 수 있다. https://www.wsj.com/articles/wantsomewhere-to-hang-try-the-cafe-run-by-a-bank-ff6f02ff

50 이 이야기는 필 듀센베리의 회고록 《그때 우리는 그의 머리에 불을 질렀다》(포트폴리오, 2005)에서 발췌한 내용이다.

51 섬에 관한 이야기는 사회지리학 교수인 앨러스테어 보넷Alastair bonnet의 저서 《Unruly Places》(Houghton Mifflin Harcourt, 2014)에 나온다.

52 다음 기사를 읽어보면 사전학자들이 스코틀랜드어 유의어 사전을 만들면서 찾아낸 흥미로운 어휘와 특히 눈을 가리키는 수많은 단어에 관한 내용을 알 수 있다. https://edition.cnn.com/2015/09/23/europe/scots-more-words-for-snow-than-inuit/index.html

뻔하지 않은 생각

초판 1쇄 발행 2025년 4월 18일

지은이 로히트 바르가바 · 벤 듀폰
옮긴이 김동규

펴낸이 허정도
편집장 임세미
책임편집 장선아 **디자인** 김지연
마케팅 신대섭 김수연 배태욱 김하은 이영조 **제작** 조화연

펴낸곳 주식회사 교보문고
등록 제406-2008-000090호(2008년 12월 5일)
주소 경기도 파주시 문발로 249(10881)
전화 대표전화 1544-1900 **주문** 02)3156-3665 **팩스** 0502)987-5725

ISBN 979-11-7061-241-4 (03190)